博物館資料の修復と製作

内川隆志 著
UCHIKAWA Takashi

雄山閣

序

　『荀子』の冒頭の「勧学篇」に、「学は以て已むべからず。青は之を藍より取りて藍より青し。氷は水之を為して水より寒し」。

　これは、学問は途中でやめてはならない。染料の青色は植物の藍から採取するが、本来の藍の持つ色彩よりも青い。さらに氷は水から成るが、もとの水よりもはるかに冷たい、と周知の成語「出藍の誉」である。

　つまり、著者は正に成語を実践したものであり、先輩としては望外の喜びであることを服膺するものである。

　1985年に、筆者は『博物館技術学―博物館資料化への考古資料―』を上梓し、博物館技術学分野に挑むものの完遂し得ず、今日に至っていた。その後二十年の長きにわたり、著者は研鑽を重ね当該分野を今日大きく飛躍させてくれた功績に多大な賞讃と感謝を贈るものであり、さらに願わくば、著者に続く当該分野の研究者の出現を切に希望するものである。

　恩師の樋口清之博士は、「他人のやっていない事を、ノーマルな方法で行なう。他人のやっていない事を発見するのが研究の第一歩である。」と常々指導下さった。著者もまたその教えを実践したのである。

　今、博物館研究の流行は、博物館経営論であり、博物館情報論であろうが、この時点で基本である博物館資料論を著者が一歩進めたことは、正に國學院大學の博物館学の学統であり、喜ばしい限りである。なにも経営論や情報論を否定するものではないが、博物館と称する教育機関の最大の特徴は、幕末期のミュージアムの種々の訳語から窺い知れるとおり、その基本は資料である。故に、それを論ずる資料論は博物館学の基本の一つであることは忘れてはならない。

　擱筆にあたり、一層の御活躍を祈ること切なるものである。

　　平成16年10月24日

國學院大學教授
博士（歴史学）

青　木　　　豊

序 …………………………………………………………………青木　豊……1

まえがき ……………………………………………………………………………5

序　章 ………………………………………………………………………………7

第1章　博物館学史にみる資料の修復・保存・製作 ……………………9
　1　文化財保護制度の変遷略史 ……………………………………………9
　2　資料の保存と修復 ……………………………………………………10
　3　複製資料の必要性 ……………………………………………………12
　4　資料の収集と製作 ……………………………………………………16

第2章　考古資料の博物館資料化 ………………………………………21
　1　博物館資料の分類 ……………………………………………………21
　2　考古学的標本の製作 …………………………………………………36
　3　遺構の保存 ……………………………………………………………42
　4　遺構移築標本の製作 …………………………………………………46

第3章　レプリカの製作と活用 …………………………………………55
　1　レプリカ製作の実際 …………………………………………………57
　2　レプリカとその活用について ………………………………………70
　3　学術解説資料としてのレプリカ製作 ………………………………82
　4　レプリカ復元 …………………………………………………………86
　5　レプリカ修復 …………………………………………………………86
　6　レプリカ展示と表記 …………………………………………………86

第4章　考古資料の保存と修復 …………………………………………89
　1　保存・修復の目的 ……………………………………………………89
　2　資料の修復をめぐる法的基盤 ………………………………………92
　3　土器の修復 ……………………………………………………………95
　4　陶磁器の修復 ………………………………………………………104

5　金属製品の保存処理と修復 …………………………………125
　　6　木製品の保存処理 ………………………………………………129
　　7　遺跡から検出された漆製品の処理 …………………………131
　　8　石製品の保存と修復 ……………………………………………147
あとがき ……………………………………………………………………157
〈**付録**〉博物館関係法規 ………………………………………………161

まえがき

　加藤有次博士は、博物館学（Museum Science）を理論（Meseology）と実践（Museography）の二本柱で捉え、その体系化を試み、著書『博物館学総論』(1996) の中でも博物館学理論に裏付けられた実践の重要性を説いている。博物館学は学芸員を養成するために必要な博物館に関する最小限の知識を教授するだけのものではなく、もはや'学問'として厳存することは申すまでもない。広義のMeseologyは、博物館史やコレクション形成史などの各論・資料分類論・機能論などの包括的な内容を示していたが、今日ではさらに分化が進み、現代社会における博物館の有効利用や活用方法について研究するMuseum Studyや博物館の経済的な運営と管理についての方法を研究するMuseum Administrationなど、1970年代以降アメリカから発信され、世界各国に波及し議論されている。近年さかんなNew Public Managementの理論を背景とする業績測定（Performance Measurement）を用いた博物館評価（Museum Evaluation）の議論などMeseologyをとりまく情勢は、わが国においても大きく変化しつつある。

　Museographyは博物館が収蔵する資料の保存科学的技術や修復技術、そして展示などの活用のための技術を総括する博物館学の分野である。考古資料に限ってみれば、保存科学との相違は、展示・活用という博物館実践での多方面からのアプローチによって成立するところにある。創意工夫をもって修復された資料や製作物は、博物館機能のうち展示公開という教育普及機能を充足させる最も重要な位置づけにある。秀麗な修復による美術品は観賞価値を増幅させる場合もあろう。例えば非常に資料の価値が高く造形的にも優れた縄文土器などが稚拙に復元され、展示に供された場合、資料そのものにマイナスイメージを与え、逆に高い精度で修復されれば、縄文人の造形感覚の鋭さやダイナミックな美しさが直接観覧者の心を捉えることになる。発掘調査によって検出された重要な遺構などの造形保存資料は、臨場感を伝達する優れた博物館展示資料となることは言うまでもない。

　考古学的に検出された遺構の博物館資料化の必要性とその資料価値、さらにはレプリカ等の活用についてはすでに青木豊が体系を示し、実践的な方法

を呈示されている（『博物館技術学』1985）。本書は、基本的にはここに記された理論と実践の延長上にあると言っても過言ではない。本書では、博物館技術学（Museography）の一分野である考古学資料の修復と製作について筆者が関わってきた事例を中心にまとめたものである。特に新たな理論を提唱したわけでもなく、些か古い事例紹介などもあり、現状の保存科学の方法からは逸脱する点も多々あるが、展示学を擁する博物館学の視点で資料の活用を念頭において手がけてきたものばかりである。稚拙な内容ゆえに多くの叱責を覚悟し、はずかしながら上梓させて頂いた次第である。

自然と調和した力強い火焔土器の造形美を伝える展示
（國學院大學創立120周年展 2002・秋）

序　章

　博物館資料とは、博物館・美術館等に収蔵される一次資料、二次資料の多岐多様な資料の総称である。青木豊は、さらに博物館資料に加えて博物館学資料の存在価値について指摘する[1]。現代博物館学を構成する諸要素（機能）にかかる歴史的資料、例えば修理・復元の歴史を物語るアスファルトで補修された縄文土器、焼きつぎされた磁器や展示史を語るに不可欠な博覧会を描いた絵画、印刷物などを指し資料の価値観に博物館学の視点から新たな認識を加えるものである。

　さて、博物館にとって収蔵資料は、すべての博物館活動の基盤であり、その優劣は博物館の社会的存在価値と直結することは論を待たない。博物館資料は、博物館が様々な知的情報を社会に向けて発信するためにあり、ある意味では"公"の存在である。自己満足の愛玩品や資産としての個人所有などを遥かに凌駕するところに博物館が所蔵し公開する意味がある。博物館における情報発信方法は、美術館の作品展示のごとく資料そのものを解説なしに提示し、作者やそれが背負った歴史、内在する芸術的雰囲気を観覧者各々に感じさせる方法と文字情報や画像・図表・比較資料などの補助的資料等を併置して説示する方法の二極に分類できる。どちらにも決まった方法はなく、資料に合わせて観覧者の感性を捉えるための創意工夫が必要となる。そういった意味からすれば、博物館における資料製作は、様々な教育的情報を伝達するというよりよい展示に向かう目的達成のための創造的行為と定義することができる。創造とは、様々な意味を含んでおり学術情報の裏付けとしての"創造的価値"や製作・修復・展示に係る技術的なものも包括しているものと解釈できる。技術的には、観賞展示資料として優れたものであるなら、資料がより際立ってみえる演出を為すための工夫や、説示展示に供する創意工夫のすべてが、資料をより深く、そして楽しく理解させるための博物館の能動的な創造である。展示する資料に研究による学術的情報や説示のための比

較資料を整えるなどの衣を着せ、公開するのが博物館特有の資料公開方法であり、博物館が伝達すべき目的達成のための創造物そのものと定義することができる。このように博物館資料の修復や製作は博物館にとって極めて重要な一部門であるということができる。

　加藤有次は、博物館資料の修理・製作について次のように論じている。

　　資料の修理は、博物館資料の研究および保存という過程においてきわめて重要な分野をなすものであるといえる。同様にして資料の製作もまた、展示活動において、資料の保全とあいまって、教育普及の立場からの補助資料製作あるいはぜひともそのものでなければならない場合の資料製作等、いずれもきわめて価値ある資料の必要にせまられてなされる重要な業務といわなければならない[2]。

　本書の目的は、単に博物館資料の修復と製作について、その方法を示すところにない。博物館の創造物としての資料の多様性、活用の可能性を探るところに主眼を置いたつもりである。

註
（1）青木　豊　1999「博物館資料の概念」『新版博物館学講座』第5巻―博物館資料論、雄山閣出版、4～6頁
（2）加藤有次　1977『博物館学序論』雄山閣出版、120頁

第1章　博物館学史にみる資料の修復・保存・製作

1　文化財保護制度の変遷略史

　国による文化財保護制度の確立は、明治元年（1868）の神仏分離令によって発生した廃仏毀釈の下で壊滅的打撃をこうむった仏教美術、廃藩置県や欧化政策の中で価値の希薄となった日本美術が多数壊され、また海外へ流出するという憂うべき状況が契機となった。このような社会情勢下にあって明治4年（1871）4月25日町田久成によって太政官に提出された「集古館設立の献言」（大学献言）は、古文化財を保護するために国家的規模での博物館設立を求めるものであった。この献言を受けて政府が同年5月23日に布告した「古器旧物保存方」は、わが国ではじめての文化財保護政策であり、31部門の具体的な文化財が示され、政府によって保護される対象となったわけである。内容的には、祭器、古玉、宝石、古書画といった美術品的なものに加えて、屋内諸具の部、つまり生活諸道具類も保存対象としている点についても注目される。その後、明治5年（1872）の壬申調査や、その結果等をうけて同年実施された文部省博覧会、京都、和歌山などで開催された地方博覧会等でひろく文化財というものの存在を衆人に認知させる催しが行なわれるようになった。当時お雇い外国人などによって持ち出される日本美術の流出に歯止めをかけるための教育的効果もあったろう。明治13年（1880）には具体的に補助金を出して文化財を保護すべく「古社寺保存金」の交付が開始され、その利子をもって本堂など諸堂の修理を行なったのである。九鬼隆一によって明治21年（1888）から明治30年（1897）まで実施された「臨時全国宝物取調局」の調査結果を踏まえて明治30年（1897）、わが国初の文化財保護に関する立法措置である「古社寺保存法」が成立した。同法では維持管理が不可能な社寺に対して保存金の下付けの出願を認め神職・住職への監守を義務付けた。保存対象となったのは多くの場合、社寺の建築物などの修理修

復が中心であった。

昭和4年（1929）の「国宝保存法」では、社寺に加えて城郭建築などが指定され、社寺以外の個人、公共団体の所有する工芸品も指定対象となった。昭和8年（1933）「吉備大臣入唐絵詞」の流出を機に、国指定文化財の海外への輸出・移出を禁じた「重要文化財ノ保存ニ関スル法律」が制定され、昭和25年（1950）までに8000点以上の美術工芸品、建造物が指定された。戦中の混乱期を経て昭和24年（1949）1月26日の法隆寺金堂壁画の焼失という惨事によって文化財保護の制度化が加速し、昭和25年（1950）「文化財保護法」が成立した。

2　資料の保存と修復

保存科学（Conservation Science）は、19世紀の中頃、もともとヨーロッパ諸国において絵画の変色や劣化に伴う保存の必要性から生まれたもので、科学的視点での修復の必要性を解いたのは、フランス美術学校で自然科学を講じていたパストゥールなどである。そして、欧米の博物館において保存科学の研究がなされるようになるのは今世紀に入ってからのことで、今日では、ConservatorやRestorerとして独立した職種として配置されているのが一般的である。

わが国においても歴史的には治承4年（1180）の平重衡の南都焼討ちによって焼失した東大寺大仏殿を修復した俊乗坊重源による勧進や、伽藍修復を目論んで行なわれた元禄年間の法隆寺出開帳など信仰を保護するための文化財修復がなされてきた。単独に社宝が修復された例としては長寛2年（1164）に、平清盛はじめ一門の人々32名が、安芸国・厳島神社に奉納した写経『平家納経』は、慶長7年（1602）5月に安芸守であった福島正則によって修理の手が加えられ、願文・化城喩品・嘱累品の表紙や見返絵は俵屋宗達によって描かれたと考えられている。近代においては、明治30年（1897）の「古社寺保存法」による奈良・京都の古社寺に対する維持管理費の交付等によって、伽藍修復がなされたり、明治31年（1898）岡倉天心が創設した日本美術院第二部などが近畿圏の仏像彫刻の修復を手掛けたのが早い時期での文化財修復の具体的事例であろう。個別の文化財に対して科学的な保存処

理を実施すべく検討されたのは、法隆寺金堂壁画の調査が最初である。大正2年（1913）岡倉天心が「法隆寺金堂壁画保存計画に関する建議案」を提出したことを踏まえて天心没後3年後の大正5年（1916）「法隆寺壁画保存方法調査委員会」を設置し、大正9年（1920）に『法隆寺壁画保存方法調査報告書』を完成した。そこには、大極的見地から当時の保存科学の最新の方法によって検討された結果が報告されている[1]。

昭和9年（1934）には文部省に国宝保存事業部を置き国家的規模での法隆寺伽藍の大修理が行なわれ、昭和13年（1938）東京帝国大学瀧精一博士によって設立された「古美術自然科学研究会」（1923年創設、現文化財保存修復学会）の会員らによって「法隆寺壁画保存調査会」が設立され、剥落著しい壁画をアクリル樹脂などの素材で修復するなど新たな方法によって壁画を保存することが試みられた[2]。

「古美術自然科学研究会」は、戦後「古文化資料自然科学研究会」として継承され、「文化財保存修復学会」に継承されている。昭和23年（1948）には東京国立博物館保存修理課の中に保存技術研究室を設置、昭和27年（1952）には東京国立文化財研究所に保存科学部が併置され今日中心的な機関となっているのは周知のとおりである（現、独立行政法人　東京文化財研究所）。

昭和10年代にあって保存科学という新たな気運は、個々の文化財を取り扱う研究者にも及び、帝室博物館鑑査官秋山光夫や後藤守一らは、博物館に収蔵される絵画・彫刻・考古資料など個々の資料の修復と保存の重要性を主張した。秋山は、

　　博物館事業を二大別して陳列、展観の方面と修理、保存の方面とする。あだかも両輪の如きものであつて博物館関係者としてその何を先にすべくもないが、前者は表面的であつて概して世人の注目をあつめ、従つて問題として取扱はれることが多いに比して、後者は内部的、裏面的の工作である点世間的に一般の関心の対象となることが少い傾向がある。

　　しかも、修理、保存が美術品に於ける位置は、これを人体に例へてその心臓部の如き働きをなすものであつて、これをなくしては美術品も生命を保ち得ないのであり、この問題の重要性は充分博物館当事者の心を領し、

この任務の遂行に期することが出来るのである(3)。
とし、博物館機能として一般への啓蒙普及のための展示と資料の修理・保存の二極を明言し、特に資料の修理保存を力説するものであった。
　そして、
　　　美術品を創り美術品を残す者は、人の心、人の注意、人の物に対する愛であることを申し添える次第である(4)。
と締めくくった。
　後藤は、考古学的に発掘された資料を中心にその保存処理方法について具体的な紹介をする一方で、安易に修理修復をすることに対して実物保存の観点から注意を要することを主張した(5)。

註
（1）文部省　1920『法隆寺壁画保存方法調査報告書』
（2）関野　克　1964「文化財保存科学研究概説」『保存科学』第1号、1〜2頁
（3）秋山光男　1934「美術品の修理保存」『博物館研究』第7巻第12号、7・8頁
（4）秋山光男　1935「美術品の修理保存（承前）」『博物館研究』第8巻第1号、9頁
（5）後藤守一　1935「歴史博物館に於ける列品の保存と修理」『博物館研究』第8巻第8号、1〜4頁

3　複製資料の必要性

　歴史的にみれば貴重な寺宝を保護する立場から、その複製を製作したとされる例に中宮寺天寿国繍帳などがあげられる。天寿国繍帳は、中宮寺の尼僧、信如が文永11年（1274）に法隆寺の綱封蔵から発見した翌年の建治元年（1275）に都において模造され、新繍帳が製作された。『太子曼荼羅講式』には、「新奉繍天寿国曼荼羅」、新曼陀羅裏書によれば、「新令写繍之」とあり、原繍帳の図柄を写して複製品たる新繍帳を作らせた事実が記される。建治元年（1275）以降中宮寺の所有となった天寿国繍帳は、聖徳太子の母穴穂部間人皇后ゆかりの寺宝として、原繍帳は中宮寺の奥深く秘蔵され、複製品は寺内に掲げられ有難い秘宝として衆人が目にできたのであろう。つまり、複製品が信仰上、必要な代用品として用いられていた事実を示すものであ

る。中宮寺は室町時代には衰退し、江戸初期に法隆寺東院の夢殿東隣りに移転、天寿国繡帳も時代の流れに翻弄され、新旧入り混じった断片が張り合わされたものが、今日に伝えられる国宝天寿刺繡帳の姿である。東寺に伝わる国宝「絹本著色山水屛風」は平安時代に描かれて以来幾度も模写されてきたが、江戸時代の藤井良次による模本「附絹本著色同模」は東寺にオリジナルとともに伝世したため、国宝の参考資料である附（つけたり）として指定されている。これとて真作を保護する目的で製作されたコピーである。

近代に至って明治 25 年（1892）〜明治 37 年（1904）に宮内省に設けられた「御物整理掛」によって行なわれてきた正倉院御物の修復および模造品製作事業は国をあげての事業としては早い段階のものであった。博物館における複製資料の活用についても明治の終わり頃から美術界を中心に議論されており、展示における複製資料活用の視点からも興味深いところである。

美術雑誌『国華』193 号、明治 39 年（1906）には「美術品の模造」として次のような一文が掲載されている。

　　美術研究にとりて其の原物の研究が最も肝要なる可きは論を俟たずと雖も、是れ広く一般人士の得て望む可からざる所にして、博物館の如き公衆の容易に観覧し得らるる場所の如きも、なほ其の所在地の遠隔なる場合に於いては、之を目賭すること難し。況んや一私人の珍襲品に至つては、研究者が欲する場所に於いて之を観覧せんことは、通常出来難きことと云ふも不可なし。吾人は此等個人の襲蔵品が漸次心安く博物館等に出陳せられ、富豪貴紳の輩が其襲蔵する美術品の観賞を、衆人と共に相楽しむの日至らむことを熱望するものなりと雖も、一方に於いては此等美術品の正確なる模造品を作り、以て各文芸研究の中心地の博物館等に常備せんことを欲するものなり。殊に彫刻の如き品種に至つては、専ら形相の美を尚ぶものなるを以て、模造品によりてもかなり遺憾なく研究をなすことを得可きなり。斯くの如くんば、世の美術研究家は最も自由に其の研究を行ふことを得、或るは得可く、或は未だ原物を見ずして已に其の研究の大要を遂行するを得む。吾人茲に於いてか、美術品の模造の要多きを思ふ。
　　また思ふ、其の如き美術品の模造は其の必要ひとり内国のそれに止まらず、外国の美術品に於いても亦其の主要なる傑作品の模造は少なくとも一

通り我が博物館に備へられざる可からず[1]。
実物を第一義としながら研究者の用とし、一般への啓蒙のためには美術品の模造を博物館に展示することを主張する一文である。

　また、考古学の視点から複製品の製作を主張したのは、京都大学考古学教室の浜田耕作であった。大正11年（1922）『通論考古学』第5編後論第2章「遺物遺跡の保存」のなかで、「複製の必要」について

　　遺物に対する各種の保存法を講ずることは、其の遺物の保存に若干の生命を延長するを得可きも、火災、盗難、其他自然の破壊力を絶対的に防遏することは不可能なり。之に対しては一方記録に由る保存の途を講ずると共に、該遺物の模造複製（replica）を一個若しくは数個製作して、之を各地に配布する時は、其の原物亡失する場合あるも、複製によりて、其の原物を髣髴せしむることを得可し。ペトリー氏は石製品は比較的安全なるも、金銀の如き貴金属製品は尤も喪失し易きを以て、之が電気模造（electoro-type）を少くとも二十個製作す可しと提唱せり。銅造のものは之に次ぎ戦時其他金属缺乏の際破壊せられ易かる可く、象牙製品、漆器等は殊に速に自然力によりて破滅せらる可し。此等の複製品を製作し置くの必要以て知る可きのみ。

　　複製模造は原物所蔵の博物館等に於いて之を試み、実費を以て売下げ、又は他の博物館のそれと交換するを便とす。また此の複製品を組織的に陳列することの、大学等の教授に必要なることは、ミハエリス氏之を高唱し。所謂複製博物館（Museum of casts Abgussmusee）の効用を明にせり。独逸のボン大学の如きは最も早くより之を有し、今日欧米大学及博物館にこれあらざるは無し。之を本邦の状態に比ぶれば如何ぞや[2]。

と述べ、遺物保存の観点から複製品の製作を奨励する。浜田は後に京都の上野製作所に依頼して東京帝室博物館・東京帝国大学・京都帝国大学に所蔵される考古学的資料の複製品を多数製作し、上野製作所主上野貫三郎が上記の施設に製作資料を寄贈し展示品として活用している[3]。

　昭和9年（1934）関野貞は、
　　古来重要美術品の多くは常に秘蔵され、一般公開は勿論、特殊研究家と

第1章　博物館学史にみる資料の修復・保存・製作

　　誰も容易にこれを見る機会がないので、これにかはるべきものを博物館に
　　展観する必要がある。しかも博物館では各時代の代表的作品を全部網羅す
　　ることは、いろいろの関係から困難なことであるから、原品のないものは
　　その複製品を以て補ひ、時代的流派的に陳列を試みる必要がある[4]。

と述べているように、博物館教育の立場から複製品を用いた教育資料としての資料製作を強調し、さらに保存の立場から重要美術品の複製製作を推奨している。同年、帝室博物館鑑査官であった秋山光夫は、

　　理想からいへば、博物館の陳列は全部原本を以て系統的時代陳列をして
　　観覧者に展観すべきであるが、それは云ふべくして実際上困難なことであ
　　る。それで各地の社寺または個人所有の代表的畫画の完全な摹本を作成
　　し、これをもって系統的時代陳列をなし、原本の陳列と相俟って研究観賞
　　の便に供すべきである[5]。

とし、さらに同じ帝室博物館鑑査官の後藤守一は、歴史博物館における模造について、以下の如き見解を示している。

　　また、理解を主とする陳列に於いては、必ずや一つの系統をその陳列に
　　必要とするのであるから、容易に得難い陳列を補足するためには勢ひ模造
　　品を多く求めなくてはならぬとおもふ。この点が感覚を主とする美術博物
　　館とは全く異った立場にあるものと考える[6]。

複製品の製作を推奨し、博物館展示資料としての活用を促している。このように絵画、彫刻など美術工芸を対象とする研究者は、比較的早くから博物館活動における展示と保存の相反する関係を危惧し、模造や模刻、摹本などの製作資料をもってその弱点を補塡する考え方を詳らかにしており、広く博物館界に受け入れられたのである。こういった議論が進む中、昭和9年（1934）には東京帝室博物館において「正倉院御物模造品特別陳列」と銘打った複製品による特別展示が行なわれるなど、博物館での複製品利用が本格的なものとなっていったのである。

　現「文化財保護法」下における模写模造事業は昭和29年（1954）から31年（1956）にかけて行なわれた平等院鳳凰堂壁扉画を嚆矢として高松塚古墳壁画等、考古、絵画、彫刻、工芸品等を対象に行なわれている。

註
(1)「美術品の模造」1906『国華』193 号
(2) 浜田耕作 1922『通論考古学』大鐙閣、197-198 頁
(3) 岡山浅吉 1931『考古学関係資料模型図譜』岡書院
　　同書については新潟県立歴史博物館主任研究員山本哲也氏が企画された
　　「博物館のウラおもて―レプリカの真実―」(2004 年 1 月 17 日（土）〜 2
　　月 29 日（日））の資料として氏が蒐集したものを参考図書として提供頂い
　　た。心より感謝する次第である。
(4) 関野　貞 1934「保存上重要美術品の複製をつくれ」『博物館研究』第 7 巻、
　　3 頁
(5) 秋山光夫 1934「摹本の意義と價値」『博物館研究』第 7 巻、5 頁
(6) 後藤守一 1934「歴史博物館に於ける模造」『博物館研究』第 7 巻、10 頁

4　資料の収集と製作

　博物館における収集には通常、購入・交換・寄贈・寄託・採集・発掘・借入・製作などがあげられ、博物館における資料製作が資料収集の一方法にあたるのか明らかにしておく必要があろう。現在出版されている博物館関係図書を一瞥しても著者によって曖昧なところである。筆者は、資料製作も資料収集の一方法という認識を持っているが、ここで今一度、資料収集における製作資料の位置付けを学史的に明らかにしておくこととする。

　明治 10 年（1877）、当時の学務課長文部大書記官九鬼隆一によって通達された「教育博物館蒐集ノ品目」[1]（明治 10 年 4 月 13 日　学第七百九十三号）には、全国の府県の学務課に対して、教育博物館に対して教育に係る物品を寄贈・寄託・売却するべき旨の通達を発し、具体的な収集方法について明らかにしているが、収集資料の内容を明らかにした府県の学務課への一方的な通達であった。

　明治 16 年（1883）の農商務省所管にあった博物館の「農商務卿上奏起稿材料」の中に所載される「将来ノ目的」項に、
　　　一　外国政府又ハ博物館ト盛ニ天産人工ノ諸品ヲ交換シ之ヲ博物館ニ陳
　　　　　列スルコト[2]
と明記されており、交換を一つの収集方法として明らかにしていることが窺えるが、他には触れていない。

明治 18 年（1885）12 月に農商務省は全国的調査に基づいて諸産業の現状、殖産興業の振興方針を纏めた産業白書である「興業意見」を太政官に提出裁可した。博物局も農商務相の一局として同年 4 月に次に示した 15 カ条に及ぶ興業意見を提出しており、その中に

　一　植物煦塘を増築し熱帯地方の植物を培養する事
　一　遠近各地方に派出して必需の品物を採集する事
　一　動物園を拡張して禽獣虫魚を蒐集する事

など、資料の収集に関する内容も盛り込まれている(3)。

　明治 19 年（1886）宮内省の所管となった博物館は、明治 22 年（1889）に帝国博物館として新たな時代を迎えた。同年初代総長九鬼隆一の手によって帝国博物館の全体構想である「帝国博物館事務要領ノ大旨」には、博物館の管制・事務掌程・予算等の原案が示されており、より具体的な博物館運営の指針を明らかにしている。九鬼は、大学南校監事、外国教師掛、大学東校事務主任などを歴任し、明治 11 年（1878）にはパリ万国博覧会へ派遣され、明治 13 年（1880）には、文部少輔に任命され、明治 17 年（1884）には特命全権公使として 4 年間ワシントンに駐在しており、先進諸国の博物館事情には先覚者としての自覚を有していた。

　「帝国博物館事務要領ノ大旨」には、資料の収集に関しても具体的な内容が示されており、現代博物館の収集方法とさほど変りない八項目に及ぶ内容が示される。

　一　蒐集は勉めて沿革上に照して之を行ひ各時代各大家の表準たるべき製作は博く之を網羅し完全なる秩序を保つべし之を実行するは左の方法に依らさるへからす

　第一　寄贈
　第二　交換
　第三　附託（寺社等の什物を附託せしむるを云ふ）
　第四　保管（寺社等の什物にして保護する能はさる場合に於て引受け保護する事を云ふ）
　第五　購入
　第六　模写模造（適当なる現品を得さる場合に於て之を行ふものとす）

第七　保護預（有期無期但私有物品を預り保護陳列するを云ふ）
　　第八　　貸付（私有物品収蔵家より随時出品するものを云ふ）[4]
と記載されており、資料製作が蒐集の一方法として明記されている。

　昭和6年（1931）帝室博物館後藤守一による、昭和2年（1927）〜昭和4年（1929）にかけての欧米巡歴報告には、ヨーロッパ各国の博物館が大規模な発掘や購入によってコレクションを増やしている事実が明らかにされている。報文は模造にも言及しており、

　　模造品の製作は、また列品蒐集の一方法である。大博物館に於いて、盛んに名画の模写の行なわれているのを見るが、これらは画の研究もあろうし、愛好者の依託の為めのもあるが、また地方博物館の列品としているものも相當多い。

と記している。また、模造品の製作を「列品蒐集の一方法」と認識しているのみならず、

　　博物館が社会教育に乗出す以上、欠失部の多い実物よりも寧ろ、復元模造されたものがより多く教育価値があり、百萬言を連ねるよりも、模造にしても形を具えたもものの方が、より有効であることは明らかである。[5]

とし、社会教育施設としての博物館における模造品の有効性を認識していることが窺える。これは欧米博物館の実地見聞から得た結論であり、博物館資料収集の一方法としての再認識であり、わが国の博物館界に影響を及ぼすものであった。収集の一方法としての認識は、すでに九鬼隆一の手による「帝国博物館事務要領ノ大旨」の項目にもみられたが、先にも述べたように教育資料としての模造品の活用については、昭和初年には定着していたことが窺える。

　戦中の停滞期を経て、昭和24年（1949）木場一夫は、

　　蒐集品を入手する方法は購入・寄贈・借り入れ・野外採集・製作などがあり、また蒐集品の交換によって資料の増加をはからなければならない。[6]

と記す。

　昭和25年（1950）棚橋源太郎は、「蒐集目的とその方法」として「博物館資料の収集保存」を厳密に規定し、博物館が資料を受け入れる際の不文律と

して、

　博物館へ陳列品及び貯蔵品を受入れるには、確固たる方針の下にこれを厳守敢行し、尚も定められた計画案に背馳するような資料は断然これを拒絶するとともに、条件付の寄贈物品には、充分の警戒を払って、大事な埒を破られぬやうにすることが肝要である。(7)

としたうえで、蒐集方法について、

　採集・発掘・自家生産・購入・交換・寄贈・出品・借入をあげる。自家生産とは飼育栽培・模型・ジオラマ応用の集団的陳列物などを列挙し、模型図表写真の製作では、模型を実物大の模型、縮小模型、拡大模型の三種をあげる。出品は、記述内容からすれば「寄託」、短期での「借用」と解釈できる。

昭和28年（1953）の時点では、採集・発掘・自家生産・製作加工・購入・交換・寄贈・出品・借入で整理し、製作資料については模型・図表・写真・ジオラマをあげている(8)。

文部省社会教育局が昭和28年（1953）の学芸員講習資料には、購入・作成・採集・出品・寄贈・交換・巡回展をあげ(9)、以降、富士川金二(10)、加藤有次(11)、千地万造(12)、倉田公裕・矢島國雄(13)らの著作では、棚橋の収集理論を受け、概ね購入・交換・寄贈・寄託・採集・発掘・借入・製作を資料収集の方法としてあげている。

註
（1）『国立科学博物館百年史』1977 国立科学博物館、84頁
（2）『東京国立博物館百年史』1973 東京国立博物館、241頁
（3）『東京国立博物館百年史』1973 東京国立博物館、241頁
（4）『東京国立博物館百年史』1973 東京国立博物館、250頁
（5）後藤守一 1931『歐米博物館の施設』帝室博物館、54頁
（6）木場一夫 1949『新しい博物館―その機能と教育活動―』日本教育出版社、11頁
（7）棚橋源太郎 1950『博物館学綱要』理想社、95頁
（8）棚橋源太郎 1953『博物館教育』理想社、56頁
（9）文部省社会教育局 1953『学芸員講習講義要項』
（10）富士川金二 1971『博物館学』成文堂、107〜122頁
（11）加藤有次 1977『博物館学序論』雄山閣出版、83〜84頁

　　　　加藤有次 1996『博物館学総論』雄山閣出版、131 〜 132 頁
（12）千地万造 1978『博物館学講座』第 5 巻、雄山閣出版、69 〜 81 頁
（13）倉田公裕・矢島國雄 1997『新編博物館学』東京堂出版、149 〜 164 頁

第2章　考古資料の博物館資料化

1　博物館資料の分類

　今日、博物館資料は、理論上、実物資料であるところの一次資料（直接資料）と製作資料である二次資料（間接資料）に分けられており、その定義は博物館学界において一般的な用語として用いられている。
　「博物館法」（昭和26年12月1日法律第285号）第3条第1項には、
　1　実物、標本、模写、模型、文献、図表、写真、フィルム、レコード等の博物館資料を豊富に収集し、保管し、及び展示すること。
と博物館資料の分類が示され、博物館資料についての大枠の概念が規定された。
　昭和27年（1952）、博物館法に示された博物館資料の概念について、立教大学博物館学講座の講義案をもとに資料の特徴を性質的側面と形質的側面から具体的に定義付けたのは、宮本馨太郎である[1]。
　Ⅱ　博物館資料の性質と形態
　　A　博物館の資料の性質
　　　1　保存資料（実物・標本資料など博物館として保存すべきもの）
　　　2　展示資料（模型図表など展示のために作られたもの）
　　　3　調査研究資料（資料収集記録その他調査研究資料）
　　　4　参考資料（研究展示の参考とする図表、文献、出版物）
　　B　博物館資料の形態
　　　1　実物・標本資料（実物、生物、剥製、骨格、乾製、液浸、プレパラート、化石）
　　　2　模型・模造資料
　　　3　絵画・図表資料（模写、拓本、図画、図表などの資料）
　　　4　写真資料（スチール、幻灯スライド、映画フィルムなどの写真資料）

5　録音資料（テープワイヤー、録音盤などの資料）
　　　6　記録資料（資料収集記録、調査研究の記録、ノートなどの資料）
　　　7　図書・刊行物（学芸員、利用者などの参考となる図書、刊行物など）
　昭和31年（1956）鶴田総一郎は、宮本分類を受けて博物館資料を機能と形質的側面から次のように分類している。
　　１．博物館資料の機能的内容　a.保管資料　b.調査研究資料　c.教育普及資料　d.参考資料
　　２．博物館資料の形質
　　　ａ．直接資料　（イ）実物（ロ）標本
　　　ｂ．間接資料　（イ）模写・模型・模造品（ロ）図画・図表・グラフ（ハ）写真・映画・テレビ・スチール・スライド・映画フィルムなど目から知覚される資料（ニ）録音・テープ・ワイヤー・録音盤などの耳から知覚される資料。（ホ）記録、資料収集記録、調査研究の記録などの資料（ヘ）図書・刊行物（ト）博物館案内書・解説書・目録・図録・年報・報告書[2]

このように宮本による4分類を基本に、鶴田は博物館資料を形質的に直接資料と間接資料に分類し、その具体的な内容を明らかにした。ここに博物館資料を実物資料・実物標本を含めた"直接資料"と模型・模造や知覚記録、研究成果報告などを総括的に含む情報資料であるところの"間接資料"に分けた基準を整え、博物館資料論の基礎的分類を整えたものである。

　実物を一次資料、製作資料を二次資料とする概念で明文化されたのは、「公立博物館の設置運営に関する基準」（昭和48年11月30日文部省告示164号）第6条4項である。これによると資料の収集・保管に関して、

　　博物館は、一次資料のほか、一次資料に関する図書、文献、調査資料その他必要な資料（以下「二次資料」という）を収集し、保管するものとする。

と示され、博物館法で規定されるところの二次資料の主な概念は一次資料に付随する補助的な情報資料を示し、模造や模型などは文中のその他必要な資料に包括される。展示方法を示した第7条4項には、「二次資料又は視聴覚手段を活用すること」と明記されているとおり、博物館における両者の必要

性がうたわれている。

　ここに示された一次資料・二次資料の用語は、鶴田の提唱した直接資料、間接資料の換言的な表現であり、内容的にはほぼ一致しており、「直接資料」、「間接資料」に対応して「一次資料」、「二次資料」の用語が使われ、昭和50年代加藤有次、千地万造らによって再び概念規定が試みられた。

　加藤は、博物館資料を「情報媒体としての収集の対象となる資料の形質的分類」として捉え、直接資料（一次資料）を実物そのものを情報媒体とする「もの」と規定し、実物と実物製作（加工）資料に分類した。そしてさらに後者を動植物園などにおける繁殖、育成された生物を第一次製作資料、人文科学、自然科学の分野で行なわれる資料の修理や加工された資料を第一次製作標本に分け、鶴田分類に私見を加えた。さらに間接資料（二次資料）については、実物の記録を情報媒体とする「もの」とし大きく二次製作資料（ジオラマに代表される）と第二次標本資料に分け、後者を技工記録と知覚記録に大別、さらに有形的技工記録と無形的技工記録に細分して整理している[3]。加藤の近年の著作においても同様の考え方を示している[4]。

　千地は、博物館資料を「もの」と「情報」とに大別し、「もの」を一次資料（実物＝標本）＋記録、二次資料（人工物＋記録）とし、「情報」は研究報告書・学術図書とした。さらに二次資料は有形資料と無形資料に分け、有形資料を立体資料・平面資料に分類しており[5]、両者の見解は一次資料が実物資料、二次資料が製作資料であることで一致する。

　両者は基本的には鶴田らの考えを踏襲し、二次資料をより総括的な観点で捉え直しているが、鶴田の分類した知覚資料の扱いについては相違が認められる。

　加藤は映画、フィルムなどの目からの知覚資料をスクリーンなどハードの形状から平面的記録に納め、録音テープなどの耳からの知覚資料を形のないものと捉え無形的技工記録と分類し、千地は知覚資料を無形資料と読み替え両者を録音・光学の記録としてまとめた。

　このように昭和50年代にあってバイブル的な博物館学専門書において一次資料が実物、二次資料が記録であるとの概念規定がなされ、今日に踏襲されてきた経緯があり、多くの研究者が追従してきたのである[6]。

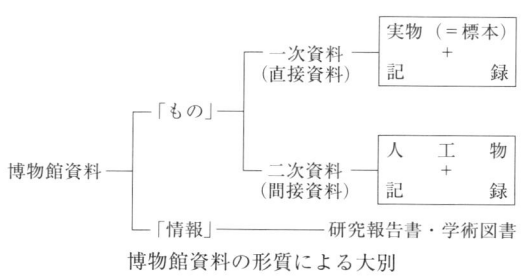

博物館資料の形質による大別

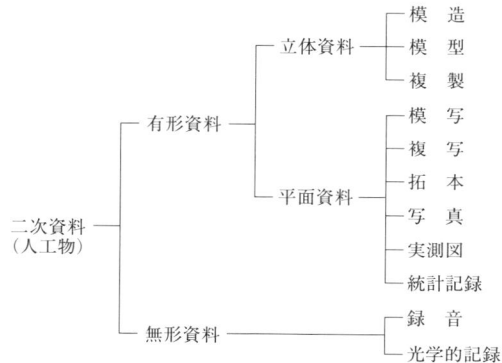

二次資料の形質・形状による分類（千地万造、1978）

　しかし近年、一次資料、二次資料の解釈に関する議論が再燃した。

　平成9年（1997）青木豊は、これまで二次資料として扱われてきた映像資料について、

　　従来通りの実物資料の記録であるところの映像やイラスト、アニメーション、CG等による映像は、当然ながら二次資料であるのだが、しかし、今日「記録映像」・「保存映像」等と称される、基本的には無形であり、一連の動きを伴うような映像、あるいは行程等の映像は上記の二次資料である映像と区別するべきであって、これらは一次資料の範疇に含めるべきものであると考える。

　要するに、物質的な実物資料のかたちの呈示不可能な場合の映像は、一次資料である。

　具体的には、民俗芸能や神事といった無形の文化財をはじめとする無形

文化財全般や、自然界におけるあらゆる現象、行為、行動等の記録映像を指すものである[7]。

とし、一次映像（資料）という新たな分類概念を提示した。

つまり、二次資料の分類基準となった「記録」が二次資料の絶対的な根拠となりえないことを示唆したのである。

青木はこの新たな問題提起を踏まえ、さらに細分した資料分類を呈示した[8]。

基本的には従来の一次資料、二次資料の概念を踏襲し、一次資料を人文系・自然系・理工系に分け個々の資料についてそれぞれについての分類を説明し、一次製作資料については加藤の呈示した動植物園、水族館での繁殖・育成に加えて、現代美術・工芸と理工館における産業技術資料のプロセスにおける現行品の製作を範疇に加えた。さらに一次標本資料についても近年の技術的成果を踏まえて加藤の分類に、プラスティネーション（樹脂含浸標本）・遺構移築標本・土層剥取標本を新たに追加した。

二次資料に関しては、

　一次資料を何らかの記録方法により「記録」したものであって、これらは主として博物館における調査・研究の過程で発生する所産であり、結果として展示のための情報媒体を目的とする性格を有したものと意義づけられるものであろう。

として加藤の分類に先に述べた一次映像資料・二次映像資料、さらに平面的記録複製を加えるなどし、その体系を示したのである。

近年、布谷知夫によって「情報の利用」をキーワードに一次資料、二次資料についての新たな解釈がなされている。

布谷は、「博物館の扱う資料はすべて情報である」という観点で論を進め、資料の利用形態をもって一次資料、二次資料、伝承等の無形資料などに分類を試みている。すなわち、一次資料とは「資料が持つ情報の一部のみを利用することができて、現在はその他の情報が隠れた状態になっているような資料」、二次資料とは「その資料が持っている情報のほぼ全体が現在利用可能な資料」、伝承等の無形資料とは「言葉のみあるいはまったく形をもっていない資料」という定義である[9]。

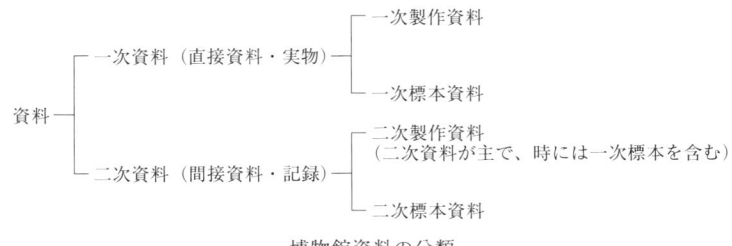

- 資料
  - 一次資料（直接資料・実物）
    - 一次製作資料
    - 一次標本資料
  - 二次資料（間接資料・記録）
    - 二次製作資料（二次資料が主で、時には一次標本を含む）
    - 二次標本資料

博物館資料の分類

- 第二次標本（記録）
  - 技工記録
    - 有形的技工記録
      - 立体的記録
        - 模造
          - 現状模造
          - 復原模造
        - 模型（縮小・拡大）— パノラマ等
      - 平面的記録
        - 模写
          - 絵画模写
            - 剥落模写（現状模写）
            - 復原模写
          - 筆跡模写
            - 双鉤塡墨本
            - 影写本
            - 臨模本
        - 拓本
          - 歴史資料拓本
            - 乾拓本
            - 湿拓本
          - 自然資料（魚拓）
            - 直接法
            - 間接法
        - 実測（計量作図・絵画的作図）
        - 撮影
          - 写真（スチール等）
          - 映画
            - 動的表現（映画フィルム・ビデオテープ・テレビ等）
            - 固定的表現（スライド）
    - 無形的技工記録
      - 録音（レコード盤・テープ等）
      - 光（光学的標本）等
  - 知覚記録
    - 各種統計記録 －図表・グラフ等その他 ＞パネル等
    - 各種図画その他 ＞パネル等
    - 学術調査研究の記録－各種報告書等その他図書・刊行物

第二次標本（記録）の組織部類（加藤有次、1977）

布谷のいう一次資料の定義を筆者の理解の範囲で説明すると、生物学や植物学などで扱う第一次標本のごとく将来においてDNA解析など研究が進み、新たな情報が引き出される可能性が内在する資料という意味であると解釈する。つまり、内在する多数の利用しきれていない情報が残っている資料を指す。

　一方、二次資料に関しては図書資料のようにすべての情報が載った媒体という捉え方を示している。限定された素材を用いて（現代の）人間が作ったものであるから情報には限りがあり、そのすべての情報が利用されているという意味で理解するものである。

　上記の定義によって規定される一次資料の概念は、未知の科学の進展によって新たな情報を追加できる可能性のある資料を有する学問分野にある程度限定されるような気がする。例えば高名な物故陶芸作家の作品などの美術資料は、磁土や釉薬の配合や製作方法、焼成温度、製作から窯出しまでの製作日数、出品されて賞を得て美術館がいくらで買っていつから展示したか、どこに貸し出したかなどすべての情報が記録され、未知の情報など将来において出そうでないものも数多い。情報のほぼ全体が現在利用可能な資料であるという解釈に沿えば、これは二次資料なのかと頭を悩ますことになる。二次資料の解釈についても「全ての情報を利用している資料」とは、説明にある図書・文献以外の資料であり得るものなのかなどの疑問点も生じるが、興味深い問題提起である。

　山本哲也は、布谷の「博物館資料は情報である」という解釈をさらに独自の視点で博物館資料に内在する情報の分類を試みている[10]。

　山本は従来の一次資料、二次資料の分類基準の非論理性を幾人かの論文から指摘し、一次資料・二次資料は価値観に左右され、一次資料（実物）優位の「一等資料・二等資料」という価値の等級を示すが如くであることを指摘した上で、一次資料・二次資料を「情報」という切口だけで分類し、その根拠を示した。山本は、博物館資料の情報を形や大きさ、材質等を示す具体的な「物理情報」とそれぞれの資料の価値判断を示す根拠となる抽象的な観念である「価値情報」に大別し、さらに「価値情報」を5項目に細分して帰属情報の内容を明示した。それぞれの内容についてはさておき、一次資料・二

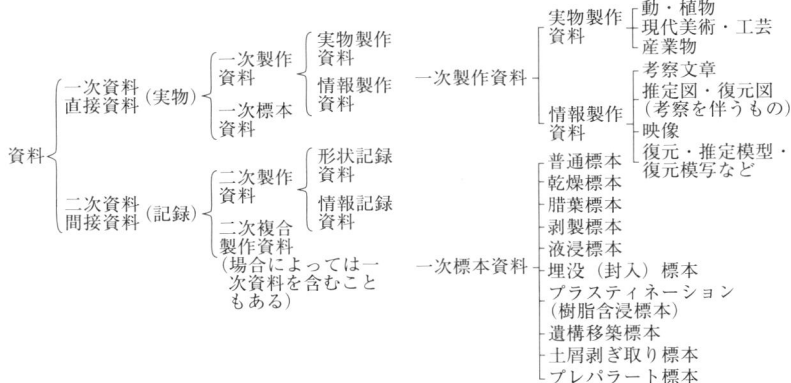

博物館資料の分類

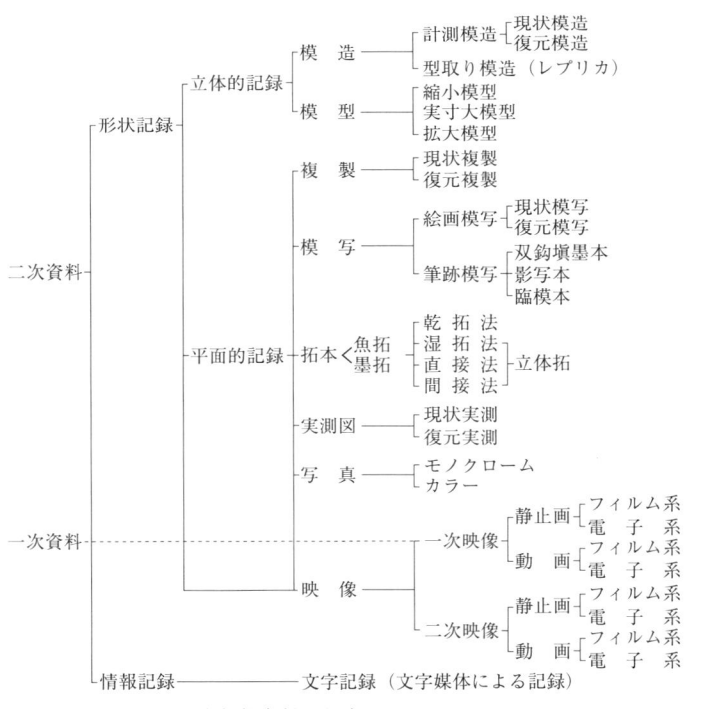

二次製作資料分類表（青木豊、1999）

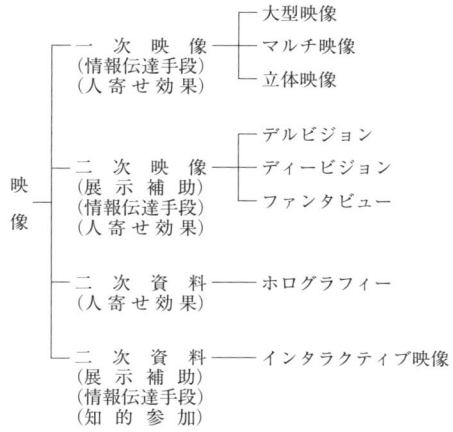

映像機種と映像効果（青木豊、1999）

次資料の規定に関わる部分についてみると、

> 一次資料・二次資料に関わる、つまりそれらを規定する基準となる情報は、製作価値情報と既存価値情報の二つということになると考える。そしてさらに資料に内蔵する情報全てが独創的創作情報で構成される資料のことを一次資料と考える。また、付加的創作情報・加工情報が加えられた資料は二次資料と考えるべきである。

としている。一次資料であるがための独創的創作情報とは「作者の独創性によってのみ支配される情報」であるとし、ダ・ヴィンチの「モナリザ」を例に説明する。「独創」、「創作」という言葉が示すとおり山本の言う一次資料とは、独自の作品を製作するクリエイターが創った資料のみに限定されるということになるが、この概念を古陶磁にあてはめてみると野々村仁清の独創的な製作による国宝色絵藤花文茶壺は一次資料で、優品ではあるが作者の明確でない（製作者を特定できない）同時代の京焼茶壺は一次資料ではないという解釈もできるが如何なものか。実物を印刷などによって複製し、そこに鉛筆などで付加的に情報を加え創られた部分を付加的創作情報といい、実物の欠失する部分を復元した場合の復元部分を加工情報と規定し、付加的創作情報、加工情報が施された資料はいずれも二次資料としているが、コラージュや欠損部が補填された縄文土器は二次資料となるのか。伊万里の文様の写

されたマイセン窯の製品はどうか。山本は、一次資料、二次資料の価値判断はあくまで利用者によって決定付けられ、一次・二次という価値情報に基づく価値観ではないことを強調する。その点についても言わんとするところは充分に理解できるが、「レオポン」を例に自身も述べているように、多くの理解を得るには若干検討の余地を残している。

　さて、筆者は今日まで継承されてきたとおり、一次資料は実物と製作資料という従来の概念で分類を受け入れてきた一人である。ただ分類者の主観によって変化するようなものでは分類とはいえないという考えは常に抱いている。一次資料を一次製作資料と一次標本資料に分類し、前者を「実物製作資料」と「情報製作資料」に分け、二次資料は「記録」という分類に従っている。情報製作資料には「希少な記録」であるところの無形の行為を具現化した映像資料や乾板写真などの古写真資料、原資料が亡失した拓本資料・双鉤塡墨本などの画像情報、映像情報が含まれる。映像や音の価値観を一定基準で規定するのは極めて困難なことである。青木は一次映像を民俗芸能や神事といった無形の文化財をはじめとする無形文化財全般や、自然界におけるあらゆる現象・行為・行動等の記録映像であると規定する。これらの内容評価を今少し掘り下げて考えるとなかなか難解な問題が浮き彫りになってくる。例えば民俗芸能を例にあげると本来、その時その場でしか体感できない（味あうことのできない）臨場感・雰囲気・空気・温湿度などを含めた「出来事全体」がまさに「真のオリジナル」としての民俗芸能である。これを映像や音声で記録したものは、「真のオリジナル」の全体性が分解された一部分である二次資料ということができる。一次資料として「希少な記録」である映像情報は、例えば現時点ですでに消滅した民俗芸能等の記録映像や民俗映像、特別に記録するために行なわれた記録映像、自然界で記録された唯一無二の希少映像など、未来に継承すべき希少性があって、再録がもはや不可能な映像記録を指す。撮影者の意図や主観、巧妙な撮影技術が反映され著作権の発生する写真もまた「記録」というキーワードで片づけられる二次資料ではなく情報製作資料であるところの一次資料であろう。拓本についてみると例えば、明治16年（1883）に酒匂影信によって採拓された広開土王碑の双鉤加墨本などは唯一無二の貴重な歴史学資料であることや、山形県東村山郡

山寺村の立石寺の国宝「如法経諸碑」の欠失した一部が、文化年間の国学者市川寛齊の採拓資料によって今日判読しうることなど多数の事例が存在する⁽¹¹⁾。原作のすでに失われた王羲之の「蘭亭集序」など歴史的な模拓法帖などはすでに一級資料として高く評価されていることなど、誰もがその価値観を認めるところである。双鈎塡墨本については、単に双鈎塡墨本の技法で行なった模写であるなら二次資料であるが、双鈎塡墨本の中には、東晋の王羲之の書として著名な御物「喪乱帖」など書道史上唯一の資料であるため、その一部は一次資料とするべきである。

一次製作資料は、青木分類にしたがって著作権の伴う一次資料に含められる知的情報を情報製作資料と認識し、実物製作資料についても分類したとおり特定の拓本、双鈎塡墨本は一次資料に分類されるべきとした。

一次資料（実物及び希少な記録）

一次資料、つまり博物館が扱う実物資料は、人文系資料、自然系資料、理工系資料、医学・生理学・薬学系資料等に分類される。人文系資料には広義の人文系の学問領域全体が包括され、そこに存在する「もの」が人文系資料として認識されるものである。自然系資料は、自然系の学問領域で対象となる資料であり、広く自然界に存在する資料全体を指す。理工系資料は、科学技術などの理工系学問領域の分野であり、人類の科学技術の発達にかかる多数の資料を指すものである。

（１）人文系資料（人類の生活史にかかる多様な資料を内包する）

　考古資料

　　　各地の旧石器時代以降の考古学的に検出された遺物・遺構・遺構移築標本・土層等の剥取標本・含浸標本等

　歴史記録資料

　　　歴史を叙述する典籍・古文書・古記録・聖教・拓本・碑文に関わる各種資料等

　文学資料

　　　古典文学・詩歌・説話文学・近現代文学・文学者等に関わる各種資料等

　教育資料

    教育関係文書・教具等教育に関する各種資料等
  生活・社会文化資料
    庶民生活を今日に伝える生活器具・用具・家屋・戦争資料・事件・社会問題等
  民俗資料
    風俗習慣・農業・漁業・林業等生業等に用いられた資料で文書を除く衣服・器具・家屋資料等
  法制資料
    法制史・法制に関わる各種資料・刑具・文書等法制関連資料
  経済資料
    経済史・経済に関わる貨幣・藩札など各種経済関連資料
  産業資料
    各地の近代遺産・産業（考古学）遺産・伝統的産業・生業等に関する器具・用具・文書等
  美術・工芸資料
    美術・美学関連資料・各種絵画・彫刻・伝統工芸等
  芸能資料
    古典演劇・演劇・舞踊・芸術文化・楽器・楽譜等音楽関連資料等
  宗教資料
    仏教・神道・キリスト教等各種宗教に関わる法具・器具・文書・絵画等
  人物史資料
    各分野において特筆すべき業績を残した人物に関する縁の各種資料等

（２）自然系資料（広く自然界に存在する資料全体を指す）
  生物資料
    モネラ界・原生生物界・動物界・菌類界・植物界に属する約140万種の生きた生物資料
  生物標本資料

生物の乾燥標本（完模式標本・副模式標本）・腊葉標本（証拠標本・基準標本）・剥製標本・液浸標本・封入標本・含浸標本・プレパラート標本・凍結保存標本

地学標本資料

隕石標本・岩石標本・鉱物標本・剥取標本・化石標本等

（3）理工系資料（科学技術に関する機器などの資料）

理学資料

物理・天文・化学・数学・人類学に関する各種資料等

工業資料

機械工学・電気工学・電子工学・情報工学等に関する各種資料・各種交通関連資料等

建築資料

建築史関連資料・機器・模型・設計図・古写真等建築学資料に関する各種資料等

（4）医学・生理学・薬学系資料

病理標本・乾燥（骨格）標本・液浸標本・封入標本・含浸標本（プラスティネーション・プラトミック）・凍結保存標本等各種関連資料等

二次資料（記録）

博物館における二次資料（間接資料）の記録情報、展示資料としての重要性は前述したとおりである。「公立博物館の設置運営に関する基準」（昭和48年11月30日文部省告示164号）第6条3項には、

　博物館は、実物資料について、その収集若しくは保管（育成を含む。）が困難な場合、その展示のために教育的配慮が必要な場合又はその館外貸出しが困難な場合には、必要に応じて、実物資料に係る模型、模造模写又は複製の資料を収集又は製作するものとする。

と明記されており、公立博物館における二次資料の積極的な活用をうたっている。

二次資料は、一次資料を基に製作する模造や模写など形状を記録する技巧的記録資料や模型に代表される一般製作資料、情報資料の記録としての音声資料・映像資料・拓本・実測図・写真、さらにジオラマに代表される複合製作資料等に大きく分類できる。

　形状記録の方法は、立体的に記録する方法と平面的に記録する方法に二分される。立体的記録のうち、模造には計測模造と型取り模造があるが、キャドを使ってコンピューター上で3Dのデータを入力し、紫外線硬化樹脂で形成する「光造形模造」を新たに加える必要がある。記録であるが故に実物からの情報を忠実に模すことが用件であるが、実測図などのように製作者の知識の差や技量によって一つとして同じものが出来ないことは言うまでもない。つまり十人十色であるということは、客観的記録とは言い難く情報製作資料であるところの一次資料ということができる。製作者の意図が盛り込まれた復元模写などの画像も同様である。映像についても、著作権を発生させるところのすべてのオリジナル映像は一次資料、その複製を二次資料と考えるものである。オリジナルあるいは複製の画像の加筆改変によって構成されるコラージュは、創作物と見做され一次資料と考える。特殊な資料として一枚の和紙の上に描かれた作品を上下二層に剥ぐ「あい剥本」があげられる。つまり二枚のオリジナルが現出するというわけだ。大抵下層本には偽印が押され、補筆によって調整されるため半真半贋ということになり博物館学的には二次資料ではなく、一次資料であるといえるが、実物という評価は抑えられ、特異な位置付けに置かれるところとなる。

註
（1）宮本馨太郎　1952「博物館学講義要綱」『民俗博物館論講』1985、慶友社
（2）鶴田総一郎　1956『博物館学入門』日本博物館協会編
（3）加藤有次　1977『博物館学序論』雄山閣出版、81～82頁
（4）加藤有次　1996『博物館学総論』雄山閣出版、167～185頁
（5）千地万造　1978「Ⅱ博物館資料とその収集」『博物館学講座』第5巻—調査研究と資料の収集、雄山閣出版、53～56頁
（6）青木　豊　1985『博物館技術学』雄山閣出版、63頁ほか
（7）青木　豊　1997『博物館映像展示論』雄山閣出版、44～45頁
（8）青木　豊　1999「博物館資料の分類」『新版博物館学講座』第5巻、雄山閣

第 2 章　考古資料の博物館資料化

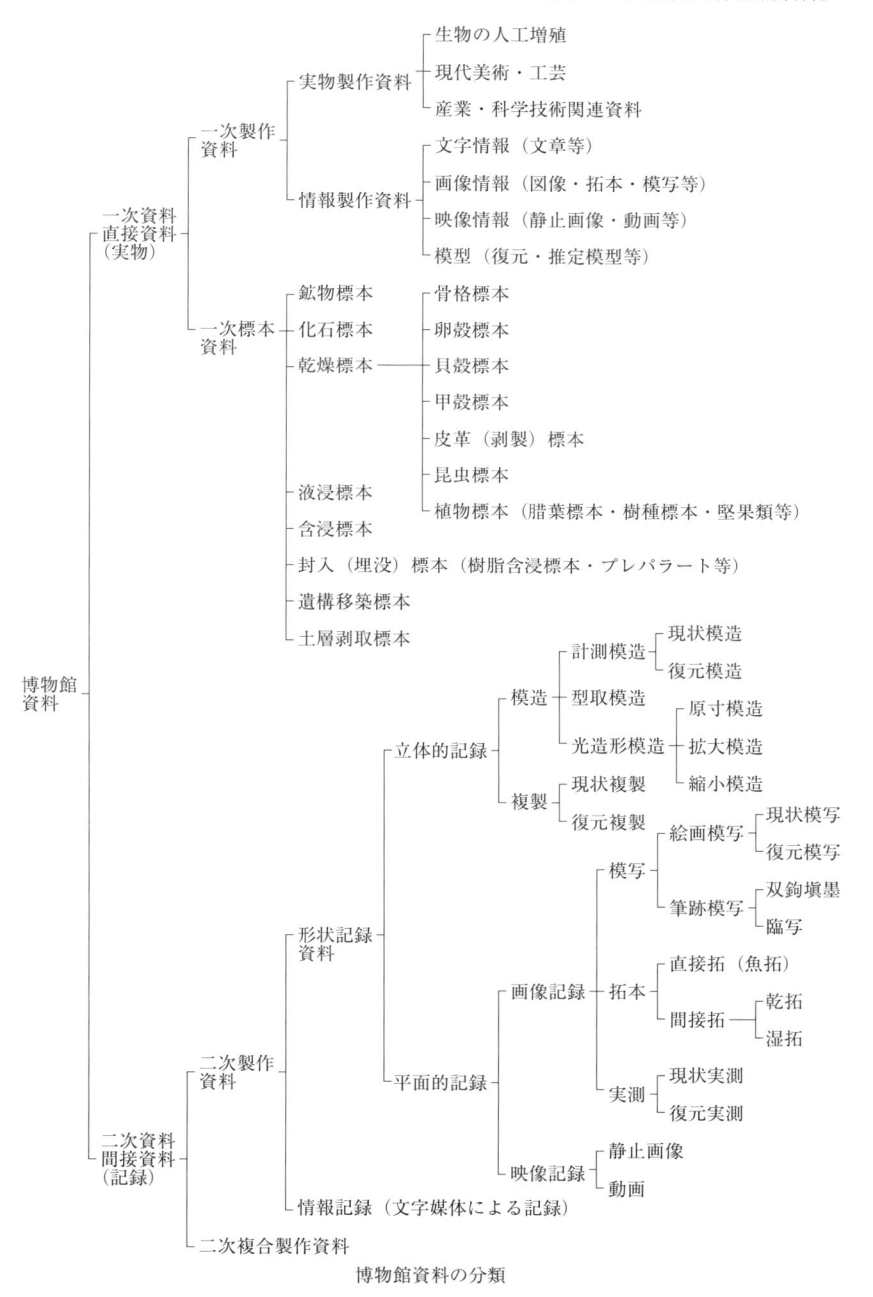

博物館資料
├─ 一次資料 直接資料（実物）
│   ├─ 一次製作資料
│   │   ├─ 実物製作資料
│   │   │   ├─ 生物の人工増殖
│   │   │   ├─ 現代美術・工芸
│   │   │   └─ 産業・科学技術関連資料
│   │   └─ 情報製作資料
│   │   ├─ 文字情報（文章等）
│   │   ├─ 画像情報（図像・拓本・模写等）
│   │   ├─ 映像情報（静止画像・動画等）
│   │   └─ 模型（復元・推定模型等）
│   └─ 一次標本資料
│   ├─ 鉱物標本
│   ├─ 化石標本
│   ├─ 乾燥標本
│   │   ├─ 骨格標本
│   │   ├─ 卵殻標本
│   │   ├─ 貝殻標本
│   │   ├─ 甲殻標本
│   │   ├─ 皮革（剥製）標本
│   │   ├─ 昆虫標本
│   │   └─ 植物標本（腊葉標本・樹種標本・堅果類等）
│   ├─ 液浸標本
│   ├─ 含浸標本
│   ├─ 封入（埋没）標本（樹脂含浸標本・プレパラート等）
│   ├─ 遺構移築標本
│   └─ 土層剥取標本
└─ 二次資料 間接資料（記録）
    ├─ 二次製作資料
    │   ├─ 形状記録資料
    │   │   ├─ 立体的記録
    │   │   │   ├─ 模造
    │   │   │   │   ├─ 計測模造
    │   │   │   │   │   ├─ 現状模造
    │   │   │   │   │   └─ 復元模造
    │   │   │   │   ├─ 型取模造
    │   │   │   │   └─ 光造形模造
    │   │   │   │   ├─ 原寸模造
    │   │   │   │   ├─ 拡大模造
    │   │   │   │   └─ 縮小模造
    │   │   │   └─ 複製
    │   │   │   ├─ 現状複製
    │   │   │   └─ 復元複製
    │   │   └─ 平面的記録
    │   │   ├─ 画像記録
    │   │   │   ├─ 模写
    │   │   │   │   ├─ 絵画模写
    │   │   │   │   │   ├─ 現状模写
    │   │   │   │   │   └─ 復元模写
    │   │   │   │   └─ 筆跡模写
    │   │   │   │   ├─ 双鉤塡墨
    │   │   │   │   └─ 臨写
    │   │   │   ├─ 拓本
    │   │   │   │   ├─ 直接拓（魚拓）
    │   │   │   │   └─ 間接拓
    │   │   │   │   ├─ 乾拓
    │   │   │   │   └─ 湿拓
    │   │   │   └─ 実測
    │   │   │   ├─ 現状実測
    │   │   │   └─ 復元実測
    │   │   └─ 映像記録
    │   │   ├─ 静止画像
    │   │   └─ 動画
    │   └─ 情報記録（文字媒体による記録）
    └─ 二次複合製作資料

博物館資料の分類

出版、46 〜 70 頁
(9) 布谷知夫 2002「博物館資料としての情報」『博物館学雑誌』第 27 巻第 1 号、10 頁
(10) 山本哲也 2003「博物館資料情報論（試論）」『博物館学雑誌』第 28 巻第 2 号
(11) 篠崎四郎 1991『図解拓本入門事典』柏書房、38 〜 39 頁

2　考古学的標本の製作

　博物館資料の分類による一次標本には、普通標本・乾燥標本・腊葉標本・剥製標本・液浸標本・埋没（封入）標本・樹脂含浸標本・プレパラートなどがあり、基本的には研究のために抽出する見本（Sample）、学習用の実物見本であり、保存された鉱物や生物の死体または部分をさす。考古学における一次標本類は石器製作にかかる石材の鉱物標本や貝塚出土貝類・動物遺存体等の乾燥標本、浸水木材などの液浸・埋没・含浸標本、花粉やプラントオパールなどのプレパラート標本等があげられる。実物に保存加工処理を施し資料化するという意味においては地質学や考古学で扱う土層剥取り標本や考古学的遺構移築標本等も広義の標本ということがいえる。土層剥取り標本と遺構移築標本の製作について具体的にみてみよう。

土層等の剥取り標本の製作

　剥取り標本は従来地質学の分野で実践されていた方法を考古学の実物記録法として応用したものである。考古学的見地から遺跡全体の地層の堆積状況や、貝層や遺構等の堆積状況を学術標本として記録し、主に展示資料として多くの博物館でみることができる。古墳の版築や住居の廃絶に伴う自然堆積の状況、貝塚の様子など従来、実測と写真によってのみ記録されていたものを実物で保存できるのであるから資料的価値は格段に高くなる。のみならず観覧者にとって解りやすい展示資料として活用される。今日ではその技術的な方法は確固たるものとして定着しており、規模の小さなものなら比較的簡単に実践できるものである。

　剥取り標本を地質学的見知から特徴的に展示に活かしている例として東京都大島町に所在する大島町立火山博物館が知られる。島の南西部に位置する崖面に過去 2 万年間に起きた三原山の火山堆積物の路頭が 700m 続く崖面が

見られる。これを部分的に剥取って(22.0m × 3.2m)象徴的な展示資料としている。さらにその規模を凌駕するのが大阪府立狭山池博物館の資料である。ここには7世紀前半の飛鳥時代に敷葉工法を用いて築かれた狭山池の堤断面を高さ約15.4m、幅62m、まさに全国にその例を見ない壮大な規模で移築展示している。狭山池の歴史を凝縮した堤の断面と樋をそのまま屋内に取り込んだもので、来館者を圧倒的な存在感で迎えてくれる。立体的に造作された表裏にそれぞれ異なる方法で移築されているのもまた特徴的である。すなわち片面は剥取り工法によって製作され、もう一方は「羊羹切り」と呼ばれる実物を切り取り樹脂などで固める方法で組立てられる。いずれも一面を一度に移築できるわけではないので細かく賽の目に組立てているため、つぎ目が目立ってしまっている点が残念であるが調整は可能であろう。剥取り標

大阪府立狭山池博物館の土層（北堤）の展示
2001年に開館した狭山池博物館では、発掘調査で出土した堤の断面や樋管等の遺構を移築し、メイン展示として活用している。堤の土層断面は62m、高さ15.4mを測るもので、わが国最大規模を誇っている。土層と共に木製の中樋も保存処理されて元の位置に復され、堤の構造を実物資料をもって理解させるのに一役かっている。

1.2. 伊豆大島の地層断面の露頭（左）と大島町立火山博物館での展示

元町から波浮港に向かう途中、約700m続く地層の断面。繰り返される三原山の噴火によって規則的に降り積もった火山灰の縞模様が美しい。

3. 福井県三方町三方町縄文博物館

人物がアテンションとなり地層の展示を引き立てる

4. 東京都府中市郷土の森

ライトアップされた関東ローム

5. 鹿児島県指宿市時遊館 CoCo はしむれ

出土層位部分に遺物を展示

本の内、北堤側には堤の下を通る樹脂含浸によって保存処理された飛鳥時代の東の樋が構造的に展示される。反対側にはさらに江戸時代の東樋が置かれ、比較展示されている。

通常使用する薬品は、エポキシ系合成樹脂 NR-51、水分との化学変化で硬化する変成ウレタン合成樹脂 NS-10（大阪三恒商事）などを用いる。

【事例1：武蔵野市南町 MI-E 地点の剥取り例】

武蔵野市に所在する井の頭池周辺には多数の遺跡が存在する。井の頭遺跡群として捉えられる御殿山、南町には旧石器時代から古代にかけての大規模な遺跡の存在が知られ、ことに井の頭池に近い地点では後期旧石器時代の遺跡が濃密である。旧石器研究では出土層位の把握が重要であることから土層の剥取りを行ない記録を残すことが行なわれる。

1、事前作業

剥取り面を平滑に整え、分層のために引いた線などは消しておくことが必要である。反転した時に線が突起して見苦しい。

2、薬剤塗布

薬剤（NS-10・NR-51）を入念に塗りオーバーハングした部分なども塗り残しのないようにする。NS-10 は親水性であるため、乾いた状態であれば若干水分を補給し薬剤の反応をよくする必要がある。ただ水分が多すぎると硬化後の収縮が大きくなるので注意が必要である。垂直面に薬剤を塗布する場合、相当の無駄が出てしまうので薬剤はやや多めに準備しておくことが肝要だ。NS-10 であれば $1m^3$ で 8kg 程度必要。

3、裏打ち

半乾きの状態で支持材として寒冷紗を用い NR-51 を裏打ち剤として使用する。寒冷紗では細かな凹凸に入り込まない場合にはガーゼなどを用いるなど、凹凸が複雑な場合は切目を入れたり、細かく切ったものを貼り込んだりして密着させる。

4、剥取り

充分に硬化を確認して剥取りにかかる。この際、食込みのよい対象物であると相当の自重がかかるため慎重に剥がすこと。剥取った標本は表面の薬剤の浸透していない部分を洗い流しておく。保管、展示等の活用

の際に剥落することが危惧されるからである。
5、貼り込み

NS-10で剥取った標本は弾力があり、短期間であればロール状に巻き取っておけるが、次第に復元力がなくなる。NS-10は硬化後の収縮が比較的大きく、NR-51もしくはNR-51を裏打ちに使用したものについては、硬化による変形が生じるため、剥取ったら直ぐにボード（コンパネ等）に貼り込む作業が必要である。強度を勘案して10分程度で硬化する硬化時間の早いエポキシ系接着剤等を用いる。接着面の凹凸をよく見極め確実に接着すること。

6、最終仕上げ

張り込みが終了し、剥落部分の微調整や補彩などを実施した後、充分に乾燥させ、イソシアネート系合成樹脂サンコールSK-50を霧吹き等

1. 武蔵野の関東ローム層
2. NS-10の食付きをよくするため散水する
3. 細部にも入念に塗布
4. 寒冷紗をNR-51で密着させる
5. 上から慎重に巻き取っていく

（製作：堀江武史・中川佳三・高木瑞穂ほか）

で薄く全体に塗布する。この作業によって土層は水分を含んで湿った状態に仕上がり、切り取ったばかりの臨場感を演出することができる。

【事例2：三宅島大里東(おざとひがし)遺跡の土層剥取り】

大里東遺跡は、三宅島の南東部坪田地区に所在する弥生時代中期中葉から宮の台式直前期の集落遺跡で、平成6年（1994）～平成7年（1995）にかけて調査した遺跡である。調査では住居址6棟、土壙墓9基、土坑7基など多数の遺構と遺物、さらには稲、大麦などのプラントオパールなどが検出され、伊豆島嶼部にあって拠点的な弥生時代の遺跡であることが判明した。遺跡は雄山からのⅠ層からⅫ層まで分層される厚い火山噴出物によって覆われており、現表土から遺構構築面まで2mを越えるものであった。プライマリーに堆積する土層は、承和5年（838）の神津島天井山からの噴出火山灰白ママ層など噴火活動の歴史を明示し、激しい噴火を今日に伝えるに意味ある重要な位置付けがなされるものである。剥取り標本は将来の博物館展示に際し重要な資料であったのだが、平成12年（2000）より続く火山活動によって活用は少し先になりそうだ。

1. 雄山からの火山噴出物が厚く堆積する
2. NS-10を塗布し硬化させNR-51で裏打ちした状態
3. 剥取った後、余計な土をブラシで除去

（製作：青木豊・内川隆志・山本哲也・宮尾亨・小林青樹）

文献
青木　豊・内川隆志・小林青樹ほか　1996『大里東遺跡』大里東遺跡発掘調査団

3　遺構の保存

　考古学は、発掘調査で検出される遺構と遺物のあり方から様々な情報を得ることによって過去の社会を復元する学問である。検出された遺物は不測の事態が発生しないかぎり文化財として未来永劫に継承することができるが、不動産である遺構は単体の遺物のように保存し継承することは困難である。発掘調査は基本的にはこの遺構を壊しながらさらに古い時代のステージへと掘り進めて行かねばならず、貴重な遺構も結局はなくなってしまうのが通例である。そこで、遺構を不動産から動産に切り換える技術としての遺構移築が有効であり、今日では貴重な遺構は現位置で残す事を基本とし、それがかなわない場合には移築することが一般的となってきている。青木豊はこの主張をいち早く唱え、新たな遺構移築方法を考案した[1]。

　遺構を保存するには幾つかの方法がある。まず第一は、遺構を現状のまま保存する方法である。それには調査終了時に埋め戻す「埋設保存」と検出した遺構をそのまま保存する「非埋設保存」がある。前者は保存を第一義とする方法であり、遺構面に川砂などを厚く敷いて埋め戻す方法などが取られるが、周囲の環境変化などによって地下水位が下がったり、洪水などの不測の事態によって遺構自体が自然に崩壊することも考えられる。つまり埋め戻したからといって絶対に未来永劫に保存されるわけではないということである。遺構を検出した状態のまま現位置で保存する「非埋設保存」には、(1) 覆屋をかける場合と (2) かけずに露天のまま保存する方法がある。前者にはa) 全体に覆屋かける方式とb) 部分的に覆うものに分けられる。a) は、旧石器時代の森林を保存する富沢遺跡（宮城県仙台市）、土井ケ浜遺跡（山口県豊北町）の弥生集団墓地、鴻臚館跡（福岡市）、金隈遺跡（福岡市）の弥生甕棺墓群、海外では秦の始皇帝陵（中国陝西省西安）などが代表的な保存例としてあげられる。b) は三内丸山遺跡など各地の史跡整備に見られるように、遺構をガラスで覆い部分的に保存するものである。奈良時代の塔跡であ

宮城県仙台市富沢遺跡の旧石器時代の樹木（上）
標高 7m 前後の地中から約 2 万年前の生活跡と共に当時の樹木群が発見された。
樹木はケイ素化合物のポリシロキサンによって乾燥による劣化を抑えている。
鹿児島県国分市上野原縄文の森　遺構の保存
古墳のような土饅頭の内部には、発掘された遺構が検出された状況で保存されている。

福岡市博多区金隈遺跡
弥生時代の特徴的な墓制である甕棺墓を主とする墓地跡で、史跡公園として整備され、展示館内では、弥生時代の甕棺墓や土壙墓が発掘された姿のまま見学できる。

青森市三内丸山遺跡の遺構の保存
部分的に覆屋をかけたものであるが、地表面からの水蒸気によってガラスに水滴が認められる。

る頭塔（奈良市）のように群集する塔の一つ一つに瓦屋根を設置している例などもある。覆屋による保存は、乾燥劣化や黴、苔などの繁殖など困難であるが、富沢遺跡などではケイ素化合物の一種ポリシロキサン ER-007 によって良好な状態を保持している。保存と展示を目的として部分的にガラスなどで覆いをかける例では水蒸気の蒸発による結露やガラスへの黴の発生などが頻発し、こまめなメンテナンスが必要となる。

　露天方式は、大規模な現地保存の古墳や城跡などは別にして、(1) 現状を出来るだけそのまま保存し公開する「現状保存」と (2) 現状に手を加えて整備する「復元保存」方法、さらに両者を混在させるケースがある。(1) には、忍路環状列石（北海道小樽市）、音江環状列石（北海道深川市）、大湯環状

第2章　考古資料の博物館資料化

秋田県鷹巣町伊勢堂岱遺跡
露天にそのままの状態で保存されているストーンサークルと細部（提供：榎本剛治氏）

鹿児島県国分市上野原縄文の森
縄文早期の集石遺構が発見された現状のままで保存されている。

```
1、埋設保存
2、非埋設保存   （1）覆屋方式） a）全体覆屋方式
                              b）部分覆屋方式
              （2）露天方式） a）現状保存
                              b）復元保存
```

遺構の現地保存

列石（秋田県鹿角市）や伊勢堂岱遺跡（秋田県鷹巣町）、青森県小牧野遺跡（青森市）、原山支石墓群（長崎県北有馬町）、(2)-b）には、亀形石（奈良県明日香村）、平城京左京三条二坊宮跡庭園（奈良市）や飛鳥水落遺跡（奈良県明日香村）などがあげられる。また、現状を保存しつつ部分的に復元を試みる例なども知られる。

註
（1）青木　豊　1985『博物館技術学』雄山閣出版、105頁〜173頁

4　遺構移築標本の製作

　遺構の移築とは不動産を動産に変える技術であり、基本となる材料や技術はほぼ確立されているものの、遺跡の立地条件など環境によって臨機応変に対応しなければならない。遺構の移築には基本的には次の方法が実践されている。
　（1）　計測復元移築
　遺構移築の初歩的な方法で、敷石住居などの石を伴う遺構に適応される。検出時の現況を実測図、写真などに記録し、それらを基に移築場所を選定し、図や写真を見ながら復元するものであるが精度は低い。
　（2）　現状切取り移築
　いわゆる「羊羹切り」と呼ばれる手法で、例えば旧石器の集石遺構などで遺構そのものを土ごと一定の大きさ、厚さで切り取って移築するものである。重量がかさむことと切り取った土の乾燥などによって移築後の保存が困難である。現地からの移動の段階で壊れることもある。樹脂を含浸させて乾燥を防ぐことも可能である。
　（3）　型取り移築
　遺構表面をシリコーンなどの印象材で型取り雌型を製作し、ウレタン樹脂などの型持たせを施し、反転し合成樹脂によって裏打ちする方法である。現状をもっとも忠実に移築できる点で優れている。
　型取り移築には、a）実物移築　b）レプリカ移築　c）実物とレプリカの組合せ移築の3つの手法が知られる。
　a）実物移築
　住居址などのように土を掘りくぼめて造られた遺構やさらに石囲炉を伴う住居址のように部分的に石材を構成要素とする土や石の実物を型取りし、そのまま裏打ちして移築する方法である。土だけで構成される住居址でも型に付着させた表面の土を裏打ちするのであるから実物移築といえる。方法としては移築する遺構にシリコーンゴム等の印象剤を塗布し、発泡ウレタンなどのバックアップで形状を固定し反転させ、合成樹脂によって裏打ちするものである。したがって移築可能な大きさや重量は限られ、例えば石材を中心と

武蔵野市南町 MI-E 地点の集石の移築（上）
シリコーンとウレタンによる移築。
（製作：堀江武史ほか）
福井県武生市家久遺跡の礫槨墓の移築
13世紀の中世墓の主体部は拳大の礫で造られている。
（製作：高木厚史・内川隆志）

する遺構で、総重量が何トンにもなるようなものなどはすべての実物の石を裏打ちして用いることは物理的に不可能ともいえる。そのような場合、従来は型を分割して個々の重量を軽減して組合せる方法が取られているが、組合せが困難な場合もある。そこで、重量を軽減し石の原位置を正確に復元することが可能な方法として石が設置された裏面のレプリカを製作し、そこに石を戻す方法が有効である。仮りに「掘り方型取り移築」とでも呼ぶこの方法であれば、作業工程が複雑であるが比較的大形の敷石住居であっても分割が少なくて済み作業も軽減される。無論この方法が適用できない遺構もあるが、敷石住居を例に製作工程を解説する。

（1）石を充分にクリーングしオーバーハング部を目詰めする。薄い和紙などで石を覆い剥離剤を塗布する。
（2）周囲を木枠で囲み印象剤としてウレタン樹脂、ソフラン（東洋ゴム工業株式会社）あるいはインサルパック[1]（エービーシー商会）を塗布し発泡させる。
（3）ウレタンを外し石を型に戻す。石の裏面をよく洗浄し乾燥させ、オーバーハング部を目詰めする。土の部分には該当部分の土を乾燥させ細かくしたものを振りまいておく。石に剥離剤を充分に塗布しポリエステル樹脂によって雌型を製作。土は樹脂に接着させる。注意すべきはシリコーンゴムのような柔軟な素材ではないので、少しのオーバーハングでも型が外れない事があるため注意が必要だ。最終的に石の設置が適えばよいため厳密な型でなくてもよい。硬化後緩衝剤としてウレタン樹脂を塗布する。
（4）完成した型とそこに入るべき石に間違いのないように番号をふっておく。
（5）型を設置場所に搬入し、表土とのレベル差をなくすべく埋設する。
（6）石を型に嵌め、樹脂で固定する。全体を調整し色調を整えて完成。

　b）レプリカ移築

　検出された遺構を元の位置で保存し、さらに公開できればよいのだが、行政発掘による多くの埋蔵文化財調査では遺構が残されることなく壊されてしまう例が多いのである。多くの場合、遺構を現状で残せない場合において遺

第 2 章　考古資料の博物館資料化

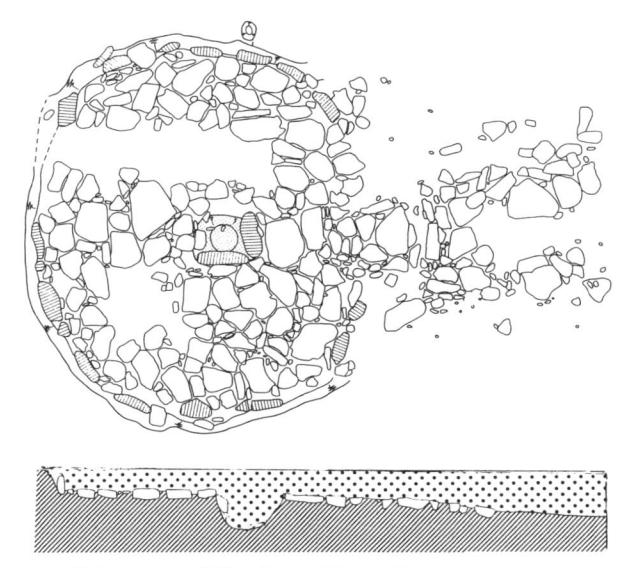

1. 発泡ウレタン樹脂で上面を型取り反転させる。

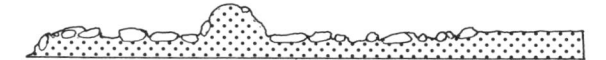

2. 石をウレタンの型に戻す。

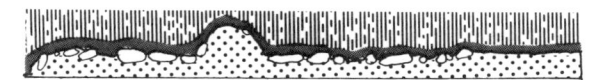

3. 剥離剤を十分に塗布し、ポリエステル樹脂で型取りし、発泡ウレタンで裏打ちする。

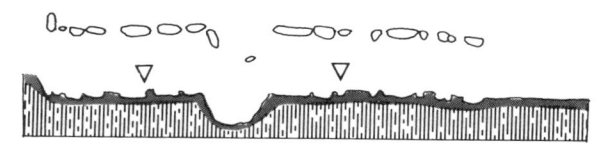

4. 石を元に戻して完成。

掘り方型取り移築の模式図

```
(1) 現状切取り移築
(2) 計測復元移築
(3) 型取り移築
    a) 実物移築
    b) レプリカ移築
    c) 実物とレプリカの組合せ移築
```

遺構移築標本の種類

構の移築が行なわれるのであるが、保存される場合でも住居跡など露天での実物の公開が困難な場合、島根県荒神谷遺跡の事例のように遺構・遺物を型取りしレプリカで公開する場合などもある。旧石器などの検出状況を土柱を残した状態で保存するのは困難である。北海道今金町美利河(びりか)遺跡では多数の石器検出状況を面的に型取りし、石器の出土状況を再現して公開している。

多量に石を伴う遺構などをそのまま移築するには限界があり、「掘り方型取り移築」などでも設置場所や展示方法によっては実物をそのまま移築することが適わない場合がある。そういった場合遺構を型取りし、すべてを樹脂等の異なる素材で製作し、着色を施し移築する方法である。実物の保存の困難な遺構や実物は埋設保存しておき、展示資料としてレプリカ移築を行なう例などもある。

また、埋納銭のように検出時点でのみ、その臨場感が得られる遺構に対してレプリカ移築を行なう。

北海道今金町史跡美利河遺跡の石器の検出状況の展示

c）実物とレプリカの組合せ移築

　実物とレプリカを混在させる方法である。例えば石囲炉の石材の一つが石皿であった場合など学術情報を抽出する必要のある石皿を樹脂によって固定してしまうわけにはいかない。このようなケースでは石皿のレプリカを製作し該当個所に充填する必要が生じる。旧石器時代の集石を移築する場合においても、その周辺に散らばる石器はレプリカでなければならないのである。したがって本移築方法には、おおよそ次のようなケースが適応される。

（1）遺構と遺物が混在する場合、遺物をレプリカとして製作。
（2）石材を用いた遺構などで劣化が著しい部分をレプリカで代用する。
（3）石材を用いた遺構などで重量を軽減させる必要がある場合。

註
（1）青木　豊　1985『博物館技術学』雄山閣出版、120頁

【事例：伊豆利島　阿豆佐和気命神社の祭祀遺構の移築】
　國學院大學海洋信仰研究会によって、平成10年（1998）から5次にわたる調査が実施され、中世の祭祀にかかる貴重な遺構・遺物が検出された。中でも注目すべき遺構として板状節理の安山岩を積上げ高さ1m程に構築された東西に延びる壇状積石遺構と、その前庭部の拳大の玉石を敷き詰めた遺構面と、さらに下層から12世紀に遡る小祠群が5基検出されている。遺跡は島神である阿豆佐和気命の御陵・旧本宮が鎮座する南西部に向いておりその遥拝所であった可能性と、もともと境内社として設置された可能性もあり定

1．集石遺構の確認面
平成10年（1998）板状節理の集石に中近世の遺物が多数発見された。

2．和鏡の検出状況
13世紀から16世紀後半に比定される16面もの和鏡が一括で検出された。

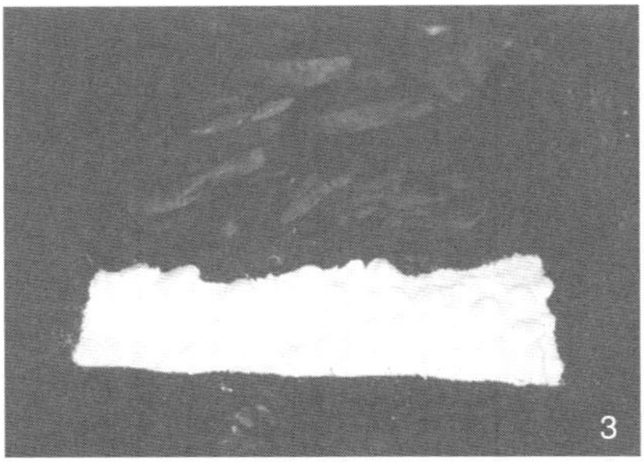
3

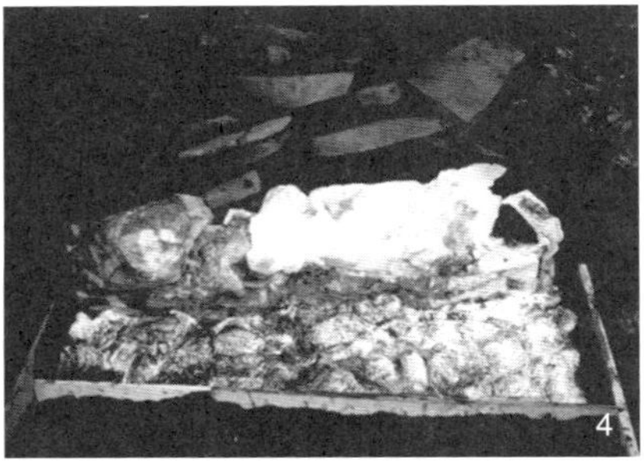
4

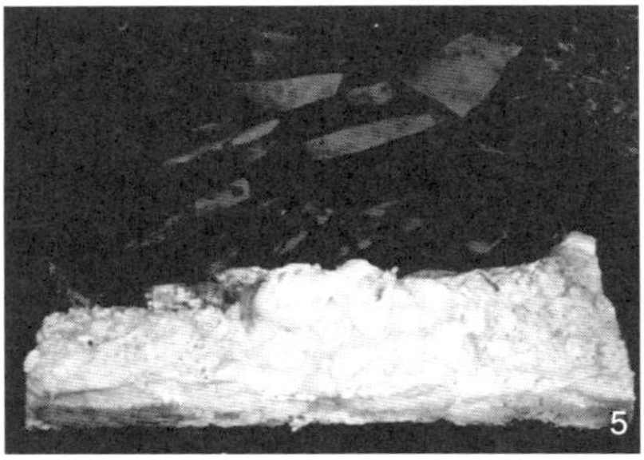
5

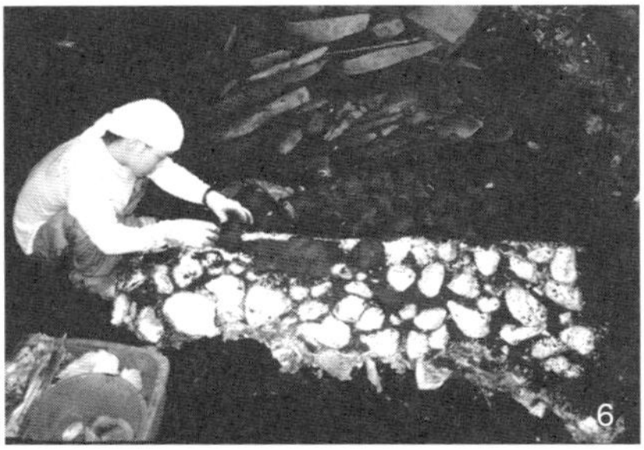
6

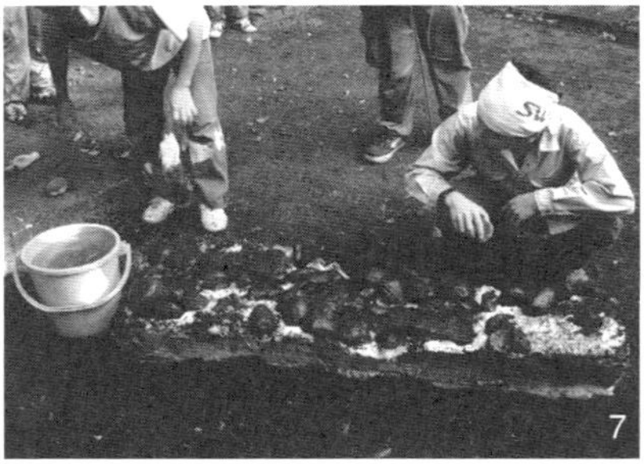
7

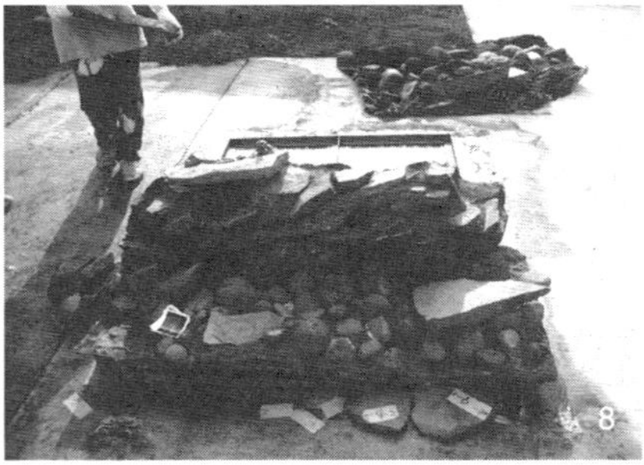
8

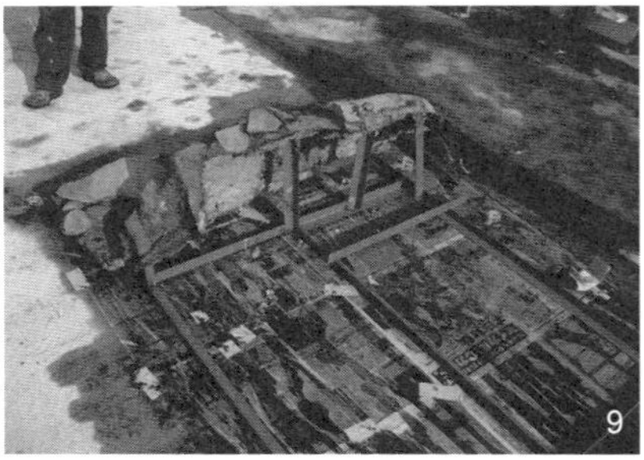
9

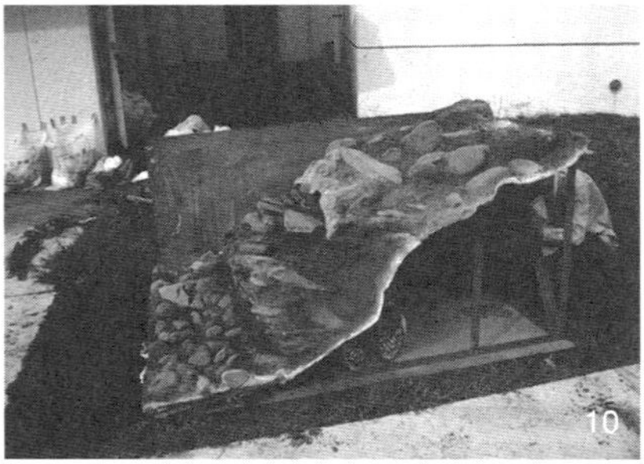
10

かではない。遺物組成は中世常滑・渥美などの壺甕・鉢類を中心に、近世陶磁器・中世和鏡30面・双孔儀鏡400点（含破片）・宋銭や偽銭などの銭貨・鎌型鉄製品・刀身・笄などの金属製品から構成される。

　平成10年の調査では、壇状石積の隙間に柄鏡を含む16面もの中世鏡が一括して奉献された極めて特殊な遺構が検出された（写真1・2）。全国的にも稀な遺構と遺物の検出状況を写真、実測図による記録保存のみならず、その臨場感を博物館展示資料として活用するために移築することとなった。本来遺構の移築は現状の構築材をそのままの形で動産とする方法であるが、この祭祀遺構の場合、用いられている石材が極めて多量かつ大きいため、すべての石材を使用すると自重で崩壊してしまう恐れもあるため、部分的にレプリカを用いた方法を採用したものである。

移築作業工程

（1） 基底部の玉石を充分にクリーニングした後、剥離剤を塗布し印象材のシリコーンゴムを均一にかける。速乾性のシリコーンゴムのため移築時の気温約30度で2時間ほどで硬化した。

（2） シリコーンゴムの周囲を木枠で取り囲み、離型剤を塗布し、バックアップとして発泡ウレタンを塗布。夏場は外気温が高く充分によく発泡する。

（3） シリコーンゴムの雌型を反転させ、型に完全にフィットするように玉石を元に戻す。

（4） 玉石を元に戻し、石の裏面を充分に洗浄し完全に乾燥させる。玉石が乾燥したら裏面から各種のポリエステル樹脂で裏打ちし固定、完全に硬化させた後で、印象材、型持たせを取り除いた後、汚れを除去し、すき間を同系色に着色して完成させる。着色塗料は、室内展示であるため水溶性アクリルペイントを用いた。

型取りから組立て

全体を大きく三段に分けシリコーンゴムとコピックによって型取りした。
大型の石材が使われているので樹脂の強度を考慮しレプリカと実物を混在させ総重量を軽減している。裏面はL字鋼でフレームを造り、可動できるように底部四隅には滑車を設置してある。現在利島村郷土資料館で展示中。
（製作：青木豊・内川隆志・中野知幸・敷島志帆・磯谷幸彦・須藤友章・原あゆみ）

（5） 中段目は利島石を基壇状に組合せた部分であるため一括での型取りは不可能であったため、大きな石は個々に型取りして組合せることにした。印象剤はコピックを用いた。そのような方法で中段目を組立て、図面、写真と照合しながら下段と接合した。全体を支えるアングルはL字鋼を組立てて、底面四隅には移動用の車輪が取付けてある。

（6） 上段部は比較的石が少ないため重量軽減を意図して大型の石以外は全体を一括して型取りし、中段部と接合した。

（7） 重量の負荷を鑑み鉄骨フレーム内部にウレタンフォームを充填し全体の形を整えた。表面には現地から採取した土をボンドCH3に溶いて塗り込んである。遺構表面にも土を塗って接合面の微調整を行ない、さらに細部の色調整を行なって完成させた。

第3章　レプリカの製作と活用

　二次資料に分類され形状を立体的に記録する模造は計測模造と型取り模造（レプリカ）、光造形模造に分けられ、それぞれがさらに以下のごとく分類される。
　1．立体的記録
（1）模造
a）計測模造
実物資料を計測し、模造するものである。
①現状計測模造
　実物資料を計測し、現状の通りに模造するものである。つまり、欠損部分を有する資料であれば推定復元することなく現状のとおり模造する。
②復元計測模造
　実物資料を計測し、製作当初の形態を推定し模造するもので、正倉院御物の復元計測模造や近年では奈良県藤ノ木古墳出土金銅製副葬品などに代表されるがごとく出土考古資料への適応は、時として比較展示資料としての有効性を発揮する。
b）型取り模造
　型取り模造は、一般にレプリカと称されるもので、実物資料から直接雌型（キャスト）を取り、材質に合わせて雌型に各種合成樹脂を用いて雄型をおこすものである。着色後は、実物と寸分違わぬ形態、質感、色彩を呈するものである。
c）光造形模造
　近年著しく発展している新しい技術で、コンピューターで対象物の3次元データを解析し、キャド（立体デザインシステム）を使って3Dのデータを入力し、そのデータ通りに樹脂積層（紫外線硬化樹脂）の中に紫外線レーザーを照射して形状を作っていく造形技術である。従来の型取り模造に

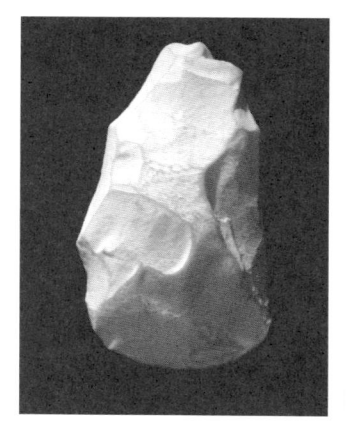

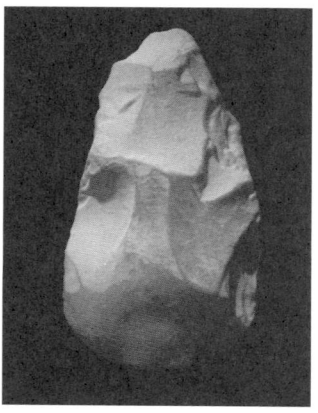

局部磨製石斧（東京都小平市鈴木遺跡出土）**の光造形レプリカ（上）と火焔土器の縮小レプリカ**
紫外線に反応して硬化する紫外線硬化樹脂の特性を活かして造形する新しいレプリカ製作の方法は非接触であることが最大の利点である。拡大・縮小も自在に対応できる点についても展示資料としての汎用性、ミュージアムグッズへの応用など大いに期待できる。
（鈴木遺跡出土標本研究会　提供：國學院大學小林達雄教授　製作：武蔵野台地研究会　坂本正治氏）

比べ、非接触という観点から資料にとって全く安全な新技術である。同種の資料を多量に製作する場合のマスターモデルとしても使用できる。現状では多少完成の精度が粗い点と紫外線硬化樹脂そのものの耐久性、製作できる大きさ（最大50cm程度）の限界などあるが、システムを導入している各社の競争原理も働き将来的には充分に期待できる分野である。

1 レプリカ製作の実際

希少性のある資料で展示上必要であっても、それが脆弱で製作に危険性が伴う場合は実行されるべきでない。レプリカ製作において最も注意すべき点は、製作に際しての実物資料の劣化にある。離型剤や印象剤塗布による雌型製作において少なからず表面の汚損、微小な剥落などを生じることを念頭に入れておくべきで、場合によっては致命的な損傷を与えてしまうこともある。少なくとも、非接触法以外の型取りによるレプリカ製作によって資料が多少なりとも損傷するということを製作者は充分に意識すべきである。

実際の作業では使用する各種樹脂の毒性を考慮して換気を徹底し、防毒マスク・防塵眼鏡・ハンドクリームの塗布・ゴム手袋の着用を義務付けることが肝要である。以下にレプリカ製作に必要な素材の紹介と製作の実際について明らかにしておく。

（1） 成形材料（印象剤）とその特性

成形材料は対象物の状況状態と製作物の使用目的に応じて使い分ける。厳密かつ型の長期保存が必要なレプリカ製作ではシリコーンゴムなどの印象剤を用い、厳密な型の必要性がなく一過性のものが必要な場合はコピックなどを使用する。その他ラテックス・ナルギン等の印象剤が必要に応じて用いられる。使用頻度の高いものは以下の製品である。

a）シリコーン

シリコン（silicon）＝珪素（Si）。シリコンは酸素についで2番目に多く存在する元素。融点は摂氏1420℃、沸点は摂氏2600℃。工業用のシリコンは、珪石を99.999999999％の純度にしたもので、半導体材料として利用される。シリコーン（Silicone）＝ -R$_2$Si-O- はアルキル基の繰り返し単位をもつ重合体の総称であり、シリコンとは全くことなる合成樹脂である。シリコーンゴム

製品には多くの種類があり、一液性のものは目地などのコーキング剤として広く使用され、硬化は空気中の水分との反応による。2液性は硬化剤を添加することによって硬化させるもので型取りに用いるのはこのタイプである。一般に下記の条件を備えたものが型取り用シリコーンとして用いられる。

①作業性に優れる。②離型性に優れる。③収縮率が小さく寸法の安定性が良好。④流動性があり原形を忠実に型取りできる。⑤耐熱性・耐薬品性に優れる。⑥深部硬化性に優れる。⑦非発熱性である。

RTVゴム　KE-12（信越化学工業）

RTV（Room Temperrature Vulcanization 室温加硫）は常温で硬化する一般工業用エコノミータイプのシリコーンゴムで、硬度はS-10よりも硬く低硬度である。主剤：触媒（Catalyst-RM）＝100：1の割合で混合し、充分に攪拌する。作業可能時間は30分程度（摂氏25度）で、完全硬化時間は24時間（摂氏23度）である。特徴としては、①収縮率が小さい（線収縮率0.1％）。②粘度が低いため、狭い隙間にも流れ込み正確な型取りが可能である。③ゴムの厚みに関係なく硬化時間は同じ。④硬化したゴムは離型性に優れ、シリコーンゴム同士以外には接着しない。⑤－60度〜250度の耐熱、耐寒性がある。などである。シリコーンゴム型としては収縮率が少なく、対象物の表面細部まで捉え非常に精密なものができる。浸透性が強いため対象物の表面は錫箔等によって完全に覆うことが作業の手順上必要である。厳密な型がとれる一方、引裂けに弱く粘度がやや強く常圧下では気泡が抜けない点に難がある。加圧式脱泡器を使えば問題はない。

シロプレン　RTV-2K（GE東芝シリコーン）

主剤：触媒（R-14）＝100：1の割合で混合し、作業可能時間は30分程度（摂氏25度）で、完全硬化時間は8時間（摂氏23度）である。KE-12などとほぼ同様の特性を示すが、KE-12に比べ粘性が低く常圧下でも気泡が入りづらい点と適度な硬度で扱いやすく安価。

DOWシラスコン　RTV-8600（TCベルグ）

KE-1より粘性が高いが、硬化後は軟らかめでゴム自体の強度は極めて強く、逆テーパーの大きいものの型取りに有効である。

b）コピック（株式会社紀文フードケミファ）

　コピックはアルギン酸ナトリウムを主成分とする成形材である。アルギン酸ナトリウムは、昆布などの褐藻類から抽出、精製されたもので水と混和（親水性高分子電解質）して使用する。取り扱いは簡便で、水温20度前後であれば6～7分で硬化する。増粘作用・安定作用・分散作用・フィルム形成作用、ゲル化作用などの多彩な特性があり、歯形を取る時に使われる歯科印象剤やゼリーを作る時のゲル化剤として医療・食品分野など様々な分野で利用されている。シリコーンゴムなどのように精密な型取りには不向きであるが素材の性質上、深部に入り込まないため対象物を痛めずに型取りできるという特性を有する。つまり、厳密性を求めない一過性の成形材料としては極めて使いやすい製品である。例えば石包丁を使う手のレプリカなど補助的な展示資料製作に活用できる。しかし、対象物が極端に乾燥したものや表面の水溶性物質が直に触れる状況下では、使用を避けなければならない場合もあろう。

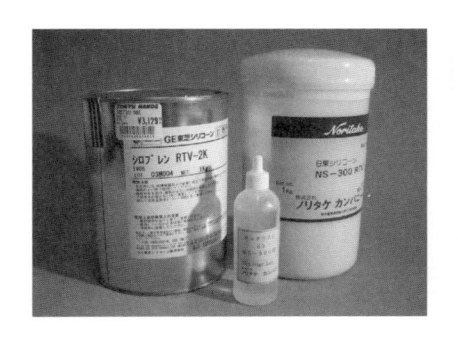

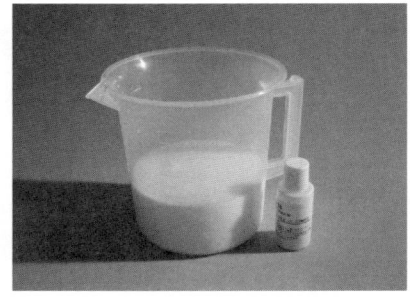

シリコーン樹脂各種
シロプレン RTV-8600 は、粘性が低く常圧下でも気泡が入りにくいのが特徴。シリコーンゴムに硬化剤を混入する際には、主剤の計量を正確に行ない、硬化剤との混合率を間違いなくすること。撹拌は充分に行ない、硬化剤が万遍なく行き渡るように注意する。

また、脆弱な漆塗膜を有する出土品の取り上げや型取りなどにも効果的に用いることができる。雌型は一過性であり長期保存できないため、雄型の製作は直ちに行なうことが求められる。環境問題を鑑みた場合、使用後の廃棄物処理もゴミ扱いで済ますことができる安心感もある。

（2） 注型用材（充填材）とその特性

型に注入する充填材は基本的に硬化後の収縮率が低く、歪みや亀裂などが生じないものが条件である。厳密なレプリカであればエポキシ樹脂が適し、簡便性を優先するなら塩化ビニールやポリエステル樹脂などが適している。

a）エポキシ樹脂

1分子中に2個以上のエポキシ基と呼ばれる反応基を持つ樹脂状物質をエポキシ樹脂と総称し、分子量に応じて液状・半固形状・固形状を示し、数多くの製品がある。エポキシ樹脂は、①優れた接着性、②硬化時の体積収縮が少ない、③強度と強靭性に優れている、④優れた電気特性、⑤溶剤その他の薬品に対して優秀な耐性を有すること、⑥硬化中に放出される揮発分がない等の特性があげられ、精密なレプリカ製作には不可欠な樹脂である。

一方、生態系への内分泌撹乱作用環境ホルモンであるビスフェノールAを含有しており、整形時の微細粉塵の吸引や眼球への付着、薬剤への直接接触は注意する必要があろう。特に太陽光線のもとでの接触は感作性皮膚炎を生じる恐れがある。粉塵や蒸気の吸入は、のどや気管支に刺激を与えるため粉塵の発生を防止し、粉塵や蒸気を吸入しないように必要に応じて保護マスクの着用と保護手袋の使用が必要である。

b）不飽和ポリエステル樹脂

積層用のFRPに代表される不飽和ポリエステル樹脂は、不飽和ポリエステル（アルキド）とビニルモノマーとの混合物である。軽量で高強度、高耐食性であるため、各種工業製品・住宅機材・船舶・車両等の素材として使われている。その特性は①機会的性質に優れ、特にガラス繊維強化ポリエステルは耐衝撃性に優れている。②耐熱性に優れる。③電気特性に優れる。④耐薬品性・耐水性・耐溶剤性に優れるが、強酸・強アルカリに侵される。積層用の他にペースト状で使うことができるガラス繊維強化ポリエステルのタイプ（New Fighter5 No.28等）がある。エポキシ系樹脂に比べて収縮が大きく

厳密な正確さが求められるレプリカ製作には不向きである。

　c）**無発泡ポリウレタン樹脂**

　シリコーンゴム型に流し込む注型用の樹脂材料は多数あるが、最も取り扱いが簡便で、失敗の少ないのが無発泡ポリウレタン樹脂である。二液を正確に計量し、1：1の割合で混ぜ合わせ注型すれば1分程で硬化が始まり4〜5分で硬化する。樹脂を注ぎ込むまでの作業時間が少ないため熟練の技術が必要だ。無発泡ポリウレタン樹脂は水分に敏感であり、高湿度の環境下では空気中の水分に反応して細かな気泡が発生する場合もあるため、水分の混入には注意が必要である。

（3）　**着色塗料**

　脱型した雄型はパーティング部分に生じたバリ等の処理を経て着色される。シリコン型によって得られた微細な凹凸が重要であるため、一般のプラモデル製作などで行なわれる着色の事前処理であるサフェーサーの塗布は行わない。塗料は基本的にリキテックス（Liquitex）・ターナー（Turner）・ゴールデン（Golden）・ホルベイン（Holbein）など各社で製造されている水溶性アクリル絵具を用いる。どれも基本的に大差はないが、硬化後の光沢を抑えた特性を有するホルベインアクリラガッシュなどは、考古遺物の着色塗料として有効である。

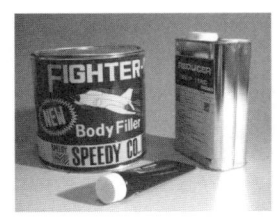

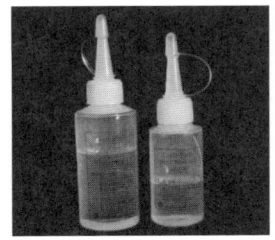

New Fighter5 N0.28 と硬化剤・レデューサー
肉盛の効く樹脂で本来は自動車の板金用ショックパテである。レデューサーで弛めて流動性を高めることも可能。各種の混和材を入れることも適い汎用性は高い。2〜3分でゲル化し1時間ほどで完全硬化する。

クリスタルレジン
高透明エポキシ樹脂で収縮率が低く高透明であることが特徴だ。専用の着色材によって色付けも可能。

【事例：シリコーンゴムを用いた積層法による弥生土器のレプリカ製作の実際】

（1）パーティングの設定

　壺を真ん中で分割する両面型取り法で実施。ゴム粘土を水平に整え壺を中心に据えパーティングを行なう。バックアップ方式で型取りするため、オーバーハング部分が無いようにパーティングを設定する。作業に際しては資料への配慮を怠らず加圧等には充分に注意すべきである。

（2）箔貼り

　パーティングが終了したら資料保護のためスズ箔を水張りする。この際貼り残しのないように慎重に実施。

（3）ノック穴の設定

　壺の周囲にシリコーン型同士のずれを防止するノック穴を開ける。

（4）型枠の設定

　箔貼りが終了したら周囲に型枠を設定する。形成材が漏れないように充分にすき間を埋めておくこと。

（5）RTVシリコーンKE-12の塗布

　シリコーンゴム：触媒（硬化剤）を100：1の割合で混ぜる。正確に計量することによって硬化後の収縮率を均一にできるため手を抜かない。両者の撹拌は充分に行ない均一に触媒がいきわたるようにすること。塗布は凹凸部など気泡がたまりやすいと思われる部位については筆等を使って充分に塗り込んでやることが必要である。流しかける場合も少量ずつ丁寧に行なうことによって気泡の無いきれいな雌型ができあがる。

（6）型の強化

　シリコーンゴムの強度を増すため半乾きの状態で寒冷紗を全体に貼り込む。さらに硬化を待ってシリコーンゴムをかける。

（7）ヘソ出し

　シリコーンゴムとバックアップのジョイント部分のヘソを取り付ける。ヘソは硬化したシリコーンの断片を切り整えて製作し、シリコーンで貼付ける。

（8）硬質石膏によるバックアップ（内側）の製作

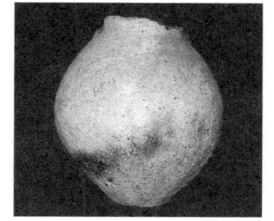

第 3 章　レプリカの製作と活用

1. 弥生壺
2. P/L ラインの決定 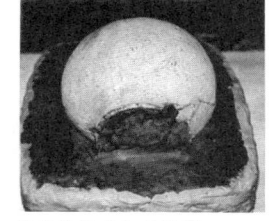
3. 箔貼り 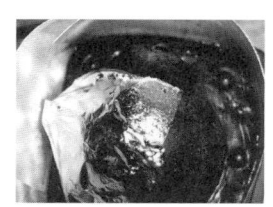
4. シリコーンゴムの塗布 
5. 寒冷紗の貼り込み 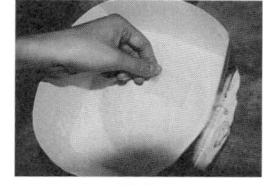
6. シリコーンゴムの塗布 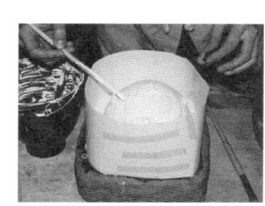
7. ヘソ出し 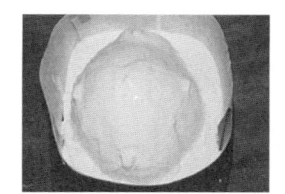
8. 石膏によるバックアップの設定（内側） 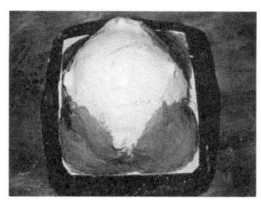
9. 同外側のバックアップ 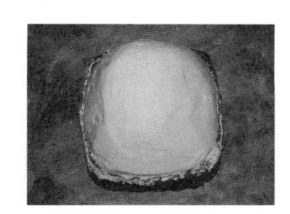
10. 片面の完成 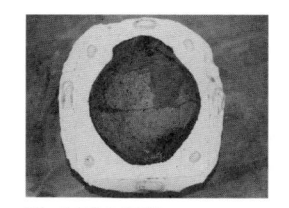
11. 3〜7の工程をくり返す 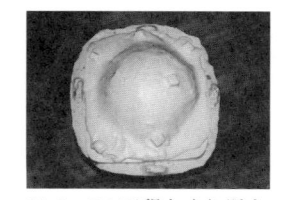
12. 同バックアップ 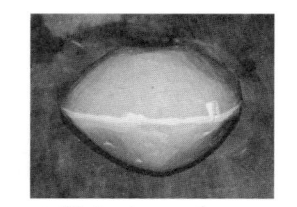
13. 実資料を慎重に取り出す 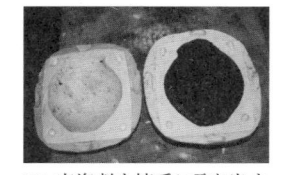
14. 雌型の完成 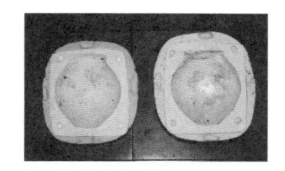
15. ポリエステル樹脂の充填

16. 両方に樹脂を充填 　　17. 型を合せる 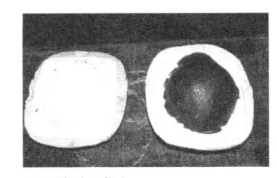　　18. 取り出し

19. バリの除去等の微調整 　20. アクリルペイントによる着色 　21. 完成

　積層法では形状を保持させるためバックアップが必要。状況によってはバックアップも分割しておくと取り外す際に扱いやすい。つまり二重構造となる。写真はアールの強い四隅に分割したバックアップを入れた状況。バックアップ素材は硬質石膏・ポリエステル樹脂等を用いる。
（9）硬質石膏によるバックアップ（外側）の製作
　さらに上からバックアップを塗布する。石膏には場合によってスタッフなどの繊維を混入して強化しておく。
（10）反対面の製作
　反対面についても（2）〜（9）までの工程を行ない雌型を完成させる。
（11）離型（写真14）
　雌型とバックアップに剥離剤を塗布し、ポリエステル樹脂による充填材を入れ型抜きを行なう。ここで使用した充填材はペースト状のポリエステル樹脂にタルクを混入し収縮を抑えている。両側の型に接合面の際まで樹脂を入れ、硬化させた後、内側を加工・調整し両接合部分に少量の樹脂を付けてバックアップごと二つの型を合わせ硬化させる。この型のように使用目的から内側の型取りを行なう必要のない場合は、比較的楽な作業内容であるが厳密な型取りが必要な場合は雌型製作は根本的に異なり、より複雑なものとなる。
（12）調整

第3章　レプリカの製作と活用

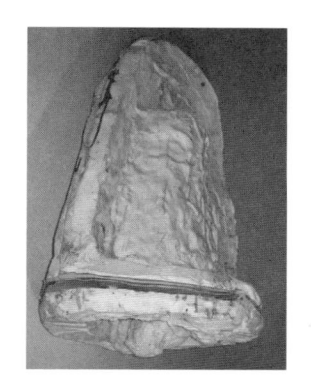

銅鐸の雌型（伝滋賀県小篠原出土袈裟襷文銅鐸）
（國學院大學考古学資料館蔵　製作：京都科学）

外の文様だけでなく内面の状況も忠実に復元するために内型も製作する。技術的には弥生時代に実際に行なわれた鋳造技術の原理そのままにレプリカ製作を行なう。

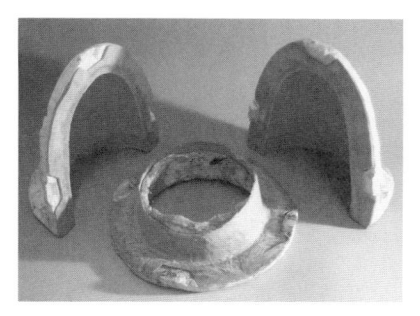

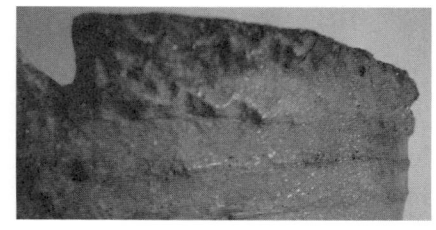

縄文土器の雌型（長野県石小屋洞窟遺跡）
（國學院大學考古学資料館蔵）

当時としては希少であった縄文時代草創期の完形に復元された資料で、そのレプリカは各地の博物館で展示されている。

型の接合面には微量ながら樹脂がはみ出し、バリが形成させるため刃物やサンドペーパーを用いて充分に除去、あるいは欠落部分を補塡する。着色段階で接合面の不整合が目立つため、微調整は単一の色を塗って状況を確認しながら丁寧に行なっておくことが必要である。

(13) 着色（写真20）

　水溶性アクリルペイントを用いて基調色となる色を配合し、全体にエアーブラシを用いて吹きつけ塗装し、微細部分については実物と対比しながら面相筆などを用いて入念に彩色していく。作業はできるだけ自然光に近い環境下で行なうことがよりよい結果をもたらす。

【事例：シリコーンゴムを用いた注型法による骨角器のレプリカ製作の実際】

(１) 粘土の用意

　型取り用粘土を用意し、充分に練り込んだ後上面をフラットに整える。

(２) 骨角器（銛の先端部、千葉県余山貝塚出土）を粘土に埋め込む

　型の分割線（パーティングライン P/L）を決定し、予め形に沿ってある程度粘土に掘り込んだ窪みに骨角器を据置き、決定した P/L に沿って丁寧に埋め込む。対象物の形状の特性を充分観察し理解したうえで敢えてアンダーカット（オーバーハング）になるようにするか真っ二つに分割するかなどを決める。

(３) ノック穴の設定

　設計通り埋め終わったら型のずれを防止するノック穴を開ける。型取りの対象物が大きいものや複雑なものほどその役割の重要性は増す。穴は粘土に対して垂直に開け、深くなりすぎないようノック棒の直径程度の深度を目安にする。穴が斜めにならないように注意する。

(４) 型枠の設定

　粘土の周囲にシリコーンゴムを流し込むための型枠を立てる。予め粘土を計測しておき、プラ板か厚手のコーティングされた紙をカットして用意しておく。シリコーンゴムの漏れがないように粘土に充分圧着させ接合面は完全にテーピングしておくこと。

(５) 箔貼り

第3章　レプリカの製作と活用

1. 粘土を整える
2. P/Lに沿って丁寧に埋め込む 
3. ノック穴の設定 
4. 型枠の設定 
5. 箔貼り、離型剤シリコーンゴムの塗布 
6. シリコーンゴムの硬化状況 
7. 片面の完成 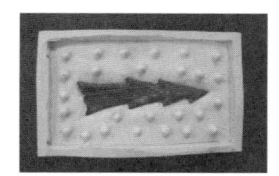
8. 5〜7の作業をくり返す 
9. 型の完成 
10. スプールとエア抜き穴の設計 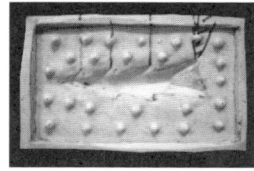
11. カッターで切り取る 
12. 輪ゴムで固定 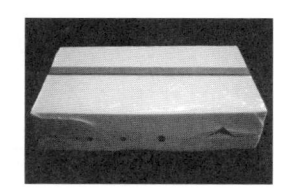
13. 穴の状況 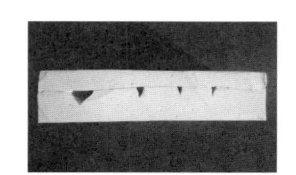
14. 厚紙を丸めて硬質ウレタン樹脂を注入 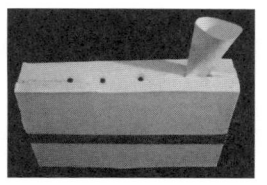
15. 硬化後

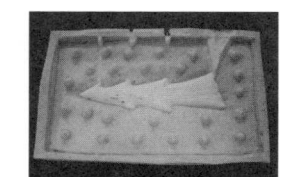

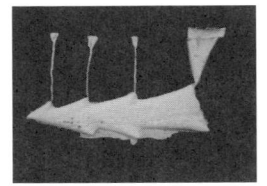

16. 型から抜いた状態 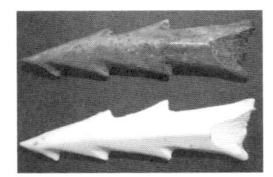　　17. 着色前 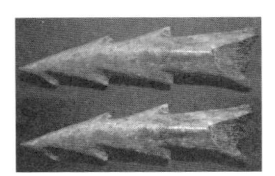　　18. 完成

注型法によるレプリカ製作の要点
（1）型の分割を十分に考慮してパーティングラインを決定する。
（2）スパチュラを用いて粘土に埋込む際に、資料を傷つけないように注意する。
（3）ノック穴は適度の大きさにし（小さ過ぎると上手くはまらない）、あまり深くせず、型同士がよく密着するように多数穴を開けることがポイント。
（4）スプールとエア抜きの位置は、型を十分に観察して決定すること。
（5）無発泡ポリウレタン樹脂は反応が早いので、手際よく扱うこと。

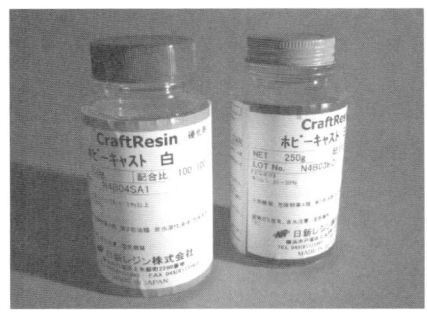

無発泡ウレタン樹脂（硬質ウレタン樹脂）の扱い

無発泡ポリウレタン樹脂（ホビーキャスト、日新レジン株式会社）はA液・B液を同量混和し、反応させるため、計量を正確に行ない手早く攪拌棒を用いて均一に混ぜ合わせる。条件にもよるが約1分でゲル状になり3分程で完全に硬化する。

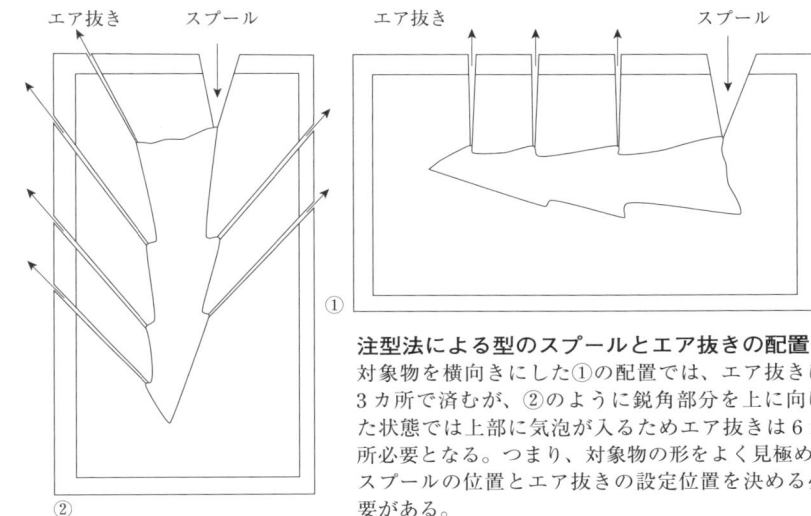

注型法による型のスプールとエア抜きの配置
対象物を横向きにした①の配置では、エア抜きは3カ所で済むが、②のように鋭角部分を上に向けた状態では上部に気泡が入るためエア抜きは6カ所必要となる。つまり、対象物の形をよく見極め、スプールの位置とエア抜きの設定位置を決める必要がある。

骨角器にスズ箔を丁寧に水張りしシリコーンゴムの浸透を防ぐ。

(6) 離型剤の塗布

粘土のシリコーンゴムの接着を防ぐ意味で剥離剤を塗布する。市販のスプレータイプの剥離剤か高濃度の石鹸水を噴霧する。筆で丁寧に塗り込んでもよいが、筆跡の残存に注意。

(7) シロプレンRTV-2Kの塗布

バックアップを用いないためKE-12より強度のあるシロプレンRTV-2Kを用いた。流し方は一度に投入するのではなく細い糸状にして少量ずつかけていく。こうすることによって気泡の形成を抑えきれいな型ができ上がる。

(8) 型枠を外し反転

一昼夜おいてシリコーンゴムが完全硬化したことを確認し型枠を外し、粘土を除去、充分に汚れをクリーニングした後、先の型枠を再度組立て、(5)～(7)の作業を繰り返す。

(9) 注型口(スプール)とエア抜き穴の造作

硬化したシリコーンゴムを外し樹脂を注入するスプールとエア抜き穴を設定する。型内に入った樹脂が充分全体に行き渡るように計算し、気泡が完全

に抜ける位置を計算して位置を決定する。角度を充分に計算し一度テストしてから気泡の発生位置を確認し、エア抜き穴を設定し直すなどの処置をとる。場合によってはスプールを上に設定するトップゲート法ではなく、ランナーを通して下から樹脂を注入するアンダーゲート法などで行なうこともある。アンダーゲートで樹脂注入を行なうと型内への樹脂の流入が緩やかとなり気泡の抜けがよくなる利点があるが、型自体の造作が複雑かつ大型化し、経費もかさむ。

(10) 無発泡ポリウレタン樹脂による注型

スプールとエア抜きの造作が終了したら両型を合わせゴムやテープでしっかりと固定する。無発泡ポリウレタン樹脂を1：1の割合で正確に混合し充分に攪拌し、速やかにスプールから注入する。化学反応が早いため攪拌から注入までの所要時間は1分以内で行なう必要がある。

(11) 離型・調整

硬化熱が無くなるまでそのまま放置し、型を外し、パーティング部分に生じたバリやスプール、エア抜き穴との接点を調整。

(12) 着色

水溶性アクリルペイントを用いて着色。

2 レプリカとその活用について

レプリカ（repurica）の本来的な意味は（原作者による）精密な複写、複製品を意味する。この概念は、ルネッサンス期に確立し、原作者自身あるいは同じ工房で製作された原作の写しを指し、原作とほぼ等しい位置付けがなされていた。コピー（copy）は原作者ではない第三者の製作物で、フェイク（fake）は、偽造、贋作であり欺くことを目的に製作されたものである。地獄門などロダンの同じ作品が世界的に多数存在し、すべてが原作として評価されているものなどはリプロダクション（repuroduction）であり、版画や鋳造作品の複数生産を指す。したがって博物館学では、型取り模造に限ってレプリカという用語をあてているが、本質的な解釈からすればコピーが正確なのかも知れない。ヨーロッパにおいては古くローマ時代からギリシャの美術品の模写作が行なわれており、中世には古代彫刻の石膏レプリカは広く蒐集

対象となり、これらの蒐集品は例えば英国のヴィクトリア・アンド・アルバート美術館などで公開されている[1]。複製品を蒐集し観賞することは、古代芸術をその範として美術教育に大いに活かされたのである。

　第1章で述べたとおり、わが国においても複製品の活用については、明治時代より認識されているところであり、昭和初期には帝室博物館などにおいて積極的な活用が試みられている事実をあげた。

　さて、現代博物館におけるレプリカの活用法についてみてみよう。わが国には欧州のようにレプリカをほぼ実物と同様に扱い活用してきた例はほとんどなく、博物館展示資料としてより普遍的に採用されるようになった歴史も比較的浅い。しかしながら今日、多数の製作会社が存在し博物館にレプリカが溢れ、本来唯一無二の資料が複数の博物館で展示公開されており、またそれが常設展示の主要な部分として用いられている例も多く、わが国の博物館の特質ともいえる。青木豊も主張するように博物館展示におけるレプリカ本来の使用目的は、重要な館蔵資料を保存上、種々の問題から活用することができない場合、その代用とするところにあるが、展示構成上不可欠な場合においては、むしろ必要な部分でもある。ただ、参考資料としてやみくもにレプリカが展示されている例も多く見られ、博物館の本義から外れるところであろう。レプリカ展示を多用する国立歴史民俗博物館に席を置いた岡田茂弘は、博物館展示におけるレプリカの活用について肯定的な立場を示している。

　　いうまでもなく歴博の展示は、展示物の美的観賞ではなく、展示物を通して日本の歴史・文化を考えるという知的理解を図ることを目指している。しかも、テーマ別の研究を行っているので、展示物には各々の研究内容を十分に説明できる資料を配置する必要がある。例えば古鏡一つにしても原品ならばどの鏡でもよいわけではなく、研究対象にした古墳の古鏡を展示しなければならない。その原品の入手は、多くの場合短期借用はできても長期には不可能である。そこで歴博では同種類の原品を所有していても展示テーマに適切でなければ使用せず、最も適切な資料のレプリカを展示している場合もある。[2]

この主張のとおり歴史を理解させる展示のツールとしてレプリカを使用する

ことは博物館が教育機関である以上もっともなことだが、例えばテーマ如何によってはテーマに偏るあまり展示がレプリカの集合体になる場合もあり、「本物を見たい」という観覧者の深層心理からすれば違和感を感じる人々も多い。展示を構築する側の一方的な感覚なのかもしれない。歴博のこの展示スタンスは、その後各地に建設された博物館に影響を与え各地の博物館に多くのレプリカが常設展示されるようになった。かつて、ある公立考古系博物館の常設展示室でレプリカを数えてみたところ全体の70％近くにのぼり、瞬時に興醒めした記憶がよみがえる。極端なレプリカ偏重展示はむしろ一般の人々から博物館の社会的存在意義や信頼を失う危険性すら孕んでいると考えるのだが甚だ難しい問題である。

　近年レプリカ活用の具体的調査例が原あゆみによってなされている[3]。原はレプリカ活用の事例を関東地方の20カ所の地域博物館において実施し、レプリカ活用の多くが「当地域に関係する文化財だが、他機関所蔵のためレプリカを展示」する博物館が多いことを統計的に示した。わが国におけるレプリカ活用の具体的調査例として注目すべきである。今後の課題として博物館側が来館者に対してレプリカ活用の如何について問いかけをし、社会の声として展示に反映させるべきであろう。

　博物館においてレプリカは単純な展示資料として用いる以外にも多くの活用方法がある。例えば丑野毅は考古遺物の痕跡についてレプリカを用いた解析を行なっている[4]。得られた成果は説示資料として博物館展示に用いることによって説得力のある展示資料となるなど博物館学的に見れば多くの活用方法が内在するところである。

　筆者の考えるレプリカ製作の意義について明らかにすれば以下の如くである。

（1）　一次資料（実物）保護の観点から
　　a）展示環境下における劣化因子からの保護
　　　　時に紙料や漆製品は紫外線による劣化などが問題視され、長期での常設展示は避ける。
　　b）盗難の防止
　　　　例えば無住の神社仏閣で価値の高い仏像、神像の盗難が頻発する昨

今においては、レプリカで代用（身代わり）という方法は現実的であり、実際行なわれている例もある。
- c） 貸出し頻度の高い資料の代用として
  貸出し頻度の高い資料は、劣化が加速するためその代用資料として用いる。
- d） 展示構成上必要な代用資料として（ジオラマの構成素材など）
  例えば特定の縄文土器を使った煮炊きの様子をジオラマで復元する場合など。
- e） 推定復元（レプリカ復元）の素材として
  破片の欠失した埴輪の推定復元など、実物を直接使えない場合など。

（2） **展示構成上必要な資料を補塡する**
- a） 欠かすことのできない展示の不足部分を補充する
- b） 比較展示資料として用いる
- c） 展示補助資料として
  例えば縄文時代の漁労を説示展示する際、ヤスの刺さった魚をレプリカで製作するなど。
- d） 触ることのできる参加型の展示資料として（ハンズ・オン展示）

（3） **学術資料としての活用**
- a） 調査・研究の過程で失われる遺構・遺物の検出状況を保存
  例えば埋納銭などで木箱や甕に入っている出土状況は取り上げられるまでの一過性のものである。取り上げられた後には銭はバラバラにされ、研究される。つまり検出当初の状況は残らない。このような状況下ではレプリカは最大の効力を発揮する。
  残せない遺構移築の一方法（レプリカ移築）としてのレプリカの活用。
- b） 調査・研究で得られた学術情報の再現
  古墳の発掘で明らかとなった埴輪の配置関係などをレプリカで再現するなど。
- c） 有機物への対応

展示補助資料としてのレプリカの活用
(松永記念館、長崎県壱岐市)
明治・大正・昭和に渡り日本電力界の普及と振興に努め、産業経済発展の基礎を築いたといわれる壱岐出身の松永安左エ門。石田町にある生家跡にこの記念館が建設され、偉業と功績を今に伝えている。同時に壱岐地域の産業を伝える民俗資料も多数展示され、民具(漁具・農具)の使用方法をレプリカを使って臨場感溢れる展示を行なっている。

構造展示での活用 (新潟県立歴史博物館) (中左)
海浜で生活する縄文人が獲得した魚を加工している。
道具の使用を示す展示 (福井県三方町縄文博物館)
ヤスで突かれた淡水魚のレプリカ
レプリカで復元された縄文人の食卓 (鹿児島県上野原縄文の森展示館)
出土した有機物からレプリカで縄文人の食卓を再現。

第3章　レプリカの製作と活用

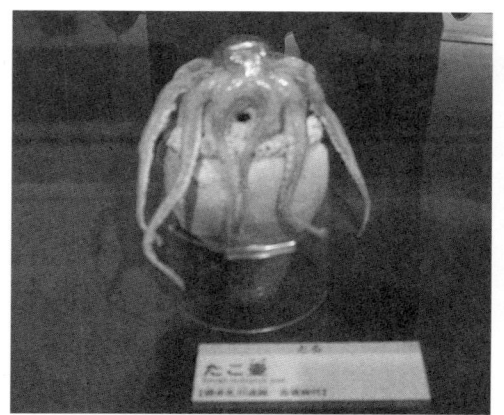

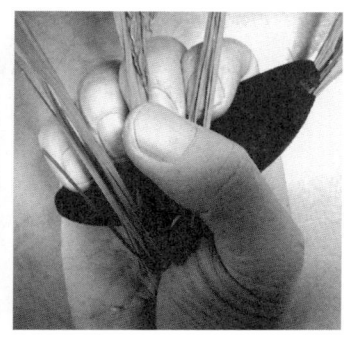

タコ壺から這出す蛸のレプリカ
（鹿児島県指宿市時遊館 CoCo はしむれ）
石包丁を握る筆者の手のレプリカ
（國學院大學考古学資料館）

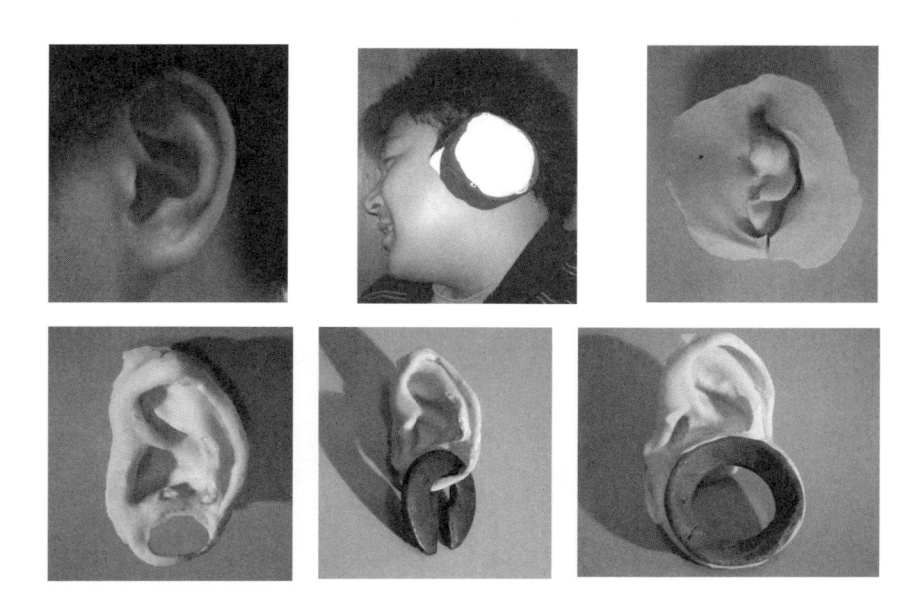

耳の型取りと耳飾りの展示
コピックによって耳を型取りし、収縮の自在な生ゴムを充填し縄文時代の耳飾りの装着を復元した。リアルな展示になるだけでなく、耳飾りの装着を解説するための資料としても活用できる。

痕跡の保存記録
倣製鏡の表面に残された布（繊維）の痕跡（國學院大學考古学資料館蔵）
塩基性塩化銅などの悪質な錆が含まれる場合、布の痕跡ごと除去しなければならない。繊維の状況を忠実に記録するにはレプリカで代用する方法がベストだろう。

学術情報の再現
竜角寺古墳群 101 号墳
　　　　（千葉県栄町）
調査によって得られた情報から埴輪の配列を再現した例。236 個体の埴輪のレプリカによって当時の様子が再現されている。

国史跡仙道古墳（福岡県三輪町）
第一周濠より横倒しの状態で発見された盾持武人埴輪。端正な顔立ちで訪れた人々を古代の世界へ誘ってくれる。

第3章　レプリカの製作と活用

　　鳥取県青谷上寺地遺跡出土の弥生人の脳のレプリカ例など脆弱な有機物の出土品等について保存処置を施した後、展示公開資料として活用する。
　d）痕跡の保存
　　布や紐の痕跡を残す出土鏡などでは、保存処理の過程で痕跡は消失する。処理の事前に分析を行ない、レプリカ製作によって痕跡を保存することが適う。

遺物検出状況のレプリカ展示
（島根県斐川町荒神谷遺跡）
青銅器埋納遺跡で、出土品の内容量、埋納形態から、わが国の青銅器文化解明に欠くことの出来ない遺跡。358本の銅剣が4列に埋納されていた検出状況を恒常的にその場で見せるにはレプリカをもって対処する以外の方法はなかろう。

レプリカによる網代の復元
加曽利B式注口土器
（國學院大學考古学資料館蔵）
底部が三つ葉形をなす希少な注口土器の底面には細かな網代の痕がのこされている。剥離剤を塗布し、コピックによって型取りし雌型を製作、ポリエステル樹脂でレプリカを製作、着色し網代を再現した。

同質の石で再現された石室とレプリカで復元された鏡の検出状況
（天理市立黒塚古墳展示館）
盗難を免れた吉備地方と石室工法が類似する主体部からは、国内最多の三角縁神獣鏡33面が出土し話題を呼んだ。黒塚古墳展示館では発見された石室を再現し、副葬された三角縁神獣鏡などがリアルに展示されている。（提供：天理市教育委員会）

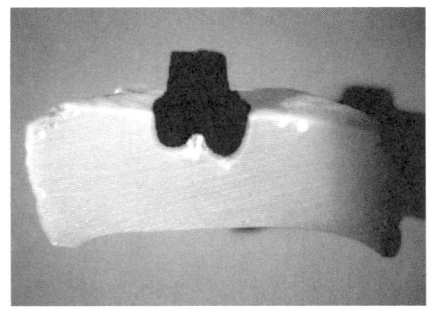

硬玉未成品と孔の断面を示すレプリカ
（千葉県曽谷貝塚出土）（國學院大學考古学資料館）
縄文人が最も好んだ装身具の素材である硬玉（ヒスイ）に孔を穿つ途中で発見されたものである。穿孔の状況を痕跡として残していることから、シリコーンゴムで精緻に型取りし、雄型を復元、管錐を用いた穿孔の様子を断面にして示説している。

第3章 レプリカの製作と活用

国立科学博物館の「教育用貸出化石レプリカ製作キット」

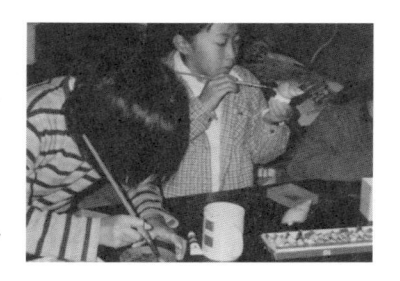

ワークショップの様子（佐渡博物館）
堀江武史氏が佐渡博物館で実践したレプリカ製作体験ワークショップの様子（2001年）

e）痕跡からの復元

　弥生土器に残された籾の圧痕を雌型として籾そのものをレプリカで復元できる。網代痕から網代そのものを復元できる。縄文から縄文原体を復元できる。

f）学術解説資料として

　石刃と石核の接合資料のレプリカで、それぞれが磁力で接合した状態のものがあれば、石刃技法を平易に解説できるなど学術解説資料として活用できる。

（4）資料復元・修復への応用

a）レプリカ復元

　青木豊が提唱した復元方法で、復元が禁止される類例のない資料を復元しようとする場合、希少なオリジナルを直接復元するのではなく、実物のレプリカを製作し、そのレプリカをもって復元するものである。

b）レプリカ修復

　例えば胴部の破片が抜け落ちた壺などを修復する場合、質感を復元するため周囲の異なる面を型取りし、欠落部分にはめ込む等の修復方法。厳密な型取りにより残存部分の損傷が少ない。

（5）体験学習教材としての活用

　博物館の教育活動としてレプリカ製作そのものを体験させるワーク

ショップや国立科学博物館では学校等へ化石レプリカ製作キットなどの教育標本の貸出し事業が行なわれている。

註
（1）金沢百枝 2001「カースト・コート形成史—複製美術品の機能と役割」西野嘉章編『真贋のはざま』東京大学出版会、173頁
（2）岡田茂弘 1984「レプリカと博物館」『歴博』第6号、国立歴史民俗博物館、1頁
（3）原あゆみ 2004「歴史系博物館に於けるレプリカ活用の研究」『國學院大學博物館学紀要』第28輯、134頁
（4）丑野　毅 2001「レプリカを用いた考古遺物の解析」西野嘉章編『真贋のはざま』東京大学出版会、63頁

遺構・遺物の立体的記録としてのレプリカの活用

先にふれたように、考古学の発掘調査では時として記録保存だけではしのびない貴重な遺構が発見されることがある。現地でそのものを保存できない場合には、遺構移築技術の他にレプリカ製作の技術をもって立体的に保存する方法が有効である。特に遺物を伴う遺構に関しては、検出時の臨場感をそのままにレプリカをもって現状を記録する方法が最も好ましい。近年各地で検出されている埋納備蓄銭などがその代表的なものである。

【事例：長野県中野市西条・岩船遺跡群の銭箱のレプリカ製作】

長野県中野市西条・岩船遺跡群では、1989年〜1996年の数次にわたる調査で7基の埋納備蓄銭が検出された。1989年の調査では、重機による表土剥ぎ段階で木箱（34×43×23cm）に詰められた約34,000枚もの埋納備蓄銭が発見された。樹皮の蓋をして土坑に埋められ土中から顔を出した姿は圧巻である。このようなケースでは調査者は、誰しもそのままの状態を残しておきたいと考えるが、調査の進展に伴って取り上げられ、研究のために一まとまりで検出された古銭は個々に解体される運命にある。このような場合、検出状態、調査が進んだ状態といった具合に数段階のレプリカを製作することによって検出状況や箱に納められた途中の状況などを立体的に残すことができる。

レプリカ製作工程
（1）写真による現状記録

第3章　レプリカの製作と活用

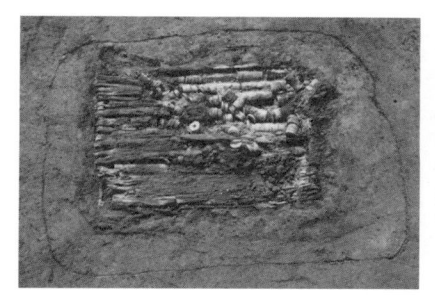

レプリカによる埋納銭の検出状況と収納状況の再現
（長野県中野市西条・岩船遺跡群）
検出された埋納銭の検出状況（左上）とそのレプリカによる復元（右上）
木箱中ほどに整然と収納された状況（左下）とレプリカ（右下）

　検出した時点で写真撮影・実測図の作製を行ない現状記録を実施。レプリカ製作時に写真・実測図は重要なものとなるため、様々なアングルで入念に行なっておく。
（2）羊羹切りによる切り取り
　木箱に入っているため、そのまま取り上げると木箱は銭の重さで崩壊するため周囲の土ごと切り取って搬入。
（3）検出状況面の養生
　樹皮の蓋の一部が剥がれた状況で発見され、この状況をレプリカで再現した。方法としては古銭と樹皮への印象剤の浸潤を剥離剤で防止し、複雑な銭の周辺、特にオーバーハングした部分を違和感なく土で埋める。
（4）型枠の設定
　印象剤の流動を止めるため粘土でつくった枠を周囲にもうける。

（5）剥離材・印象材（RTVシリコーン KE-12）の塗布

　樹皮は辛うじて表面の繊維を保持しているような状況であり、古銭も部分的にさしでなくバラバラの状況を呈し腐食が進行しているため印象剤塗布前の養生は入念に行なった。脆弱な木質と古銭への影響を考えればダメージの少ないコピックを印象剤として用いるべきだが、印象剤としての精度と型の保存性を考慮しRTVシリコーン KE-12を用いた。

（6）ポリエステル樹脂によるバックアップの製作

　RTVシリコーン KE-12を塗布し24時間後、ポリエステル樹脂（New Fighter5 No.28）によるバックアップを製作。

（7）注型・離型・調整

　雌型とバックアップに剥離剤を塗布し、ポリエステル樹脂による充填材を入れ型抜きを行なう。樹脂が完全に硬化した段階で慎重に離型し、バリなど細部を調整。この際、写真などの記録を充分に観察し、過不足を調整する。単体で散らばる古銭は別途レプリカを製作しておく。

（8）着色

　水溶性アクリルペイントを用いて着色。臨場感をもたせるため雌型に付いてきた土をそのまま樹脂で裏打ちし、イソシアネート系合成樹脂サンコールSK-50を塗布し、湿度のある状態を再現した。

文献
（1）中野市教育委員会・中野市建設部区画整理事務所 1991『西条・岩船遺跡群発掘調査概報』中野市教育委員会
（2）中野市教育委員会 1997「一括埋納銭」『西条・岩船遺跡発掘調査報告書』中野市教育委員会

3　学術解説資料としてのレプリカ製作

【事例：北海道美利河遺跡K地点の石器を用いたレプリカ製作】

　北海道今金町に所在する美利河(びりか)遺跡K地点は、國學院大學考古学研究室が1996年度から継続して発掘調査（2003年度で8次）を行なっている後期旧石器時代の遺跡で、主に頁岩を素材とする30,000点をこえる多数の遺物が発見されている。特に個体別資料には大形の石刃核に大形石刃や石核調整

第3章 レプリカの製作と活用

学術解説資料としてのレプリカ 「ひっつく石器」（北海道今金町美利河遺跡）（國學院大學考古学研究室）
頁岩製の大形石刃が接合する資料で、接合面を計算して石核レプリカ内に小型磁石を入れ、石刃レプリカには砂鉄を混入、両者が無理なく接合する工夫をしている。（上実物）
石器の接合を説明する研究者。

剥片・打面調整剥片が接合するものが多数ある。

　このような石器製作技法を充分に検証しうる接合資料を考古学の教材として活用する一方法としてのレプリカ製作を試みた。製作されるレプリカは、石核に接合する石刃等が磁力で一体化するものである。つまり石核と石刃等が一体化した石器接合資料ができ、考古学教材としては石刃剥離技法を具体的に示すことができる格好の資料となるわけである。

レプリカ製作工程
（1）分割線の決定・型枠の設定
　シリコーンゴムを用いた型取りの技術的な点については、これまでの製作

円孔文土器（壬遺跡）**のレプリカ復元**

事例で概ね理解できると思うが、分割線（P/L）の決定が最も工夫の必要なところである。P/L に沿って粘土を埋込み型枠を決める。

（2）剥離剤・印象材（シロプレン RTV-2K）の塗布

剥離剤を塗布した後、強度を考えシロプレン RTV-2K を用いた。

（3）注型

二分割した石核の型にまず薄く表面にポリエステル樹脂を流し硬化させる。石刃の接合する部分の要所に小型の磁石を置き、再度樹脂を充填し型を接合させ、完全に硬化させる。石核に接合する石刃等にはポリエステル樹脂に鉄粉を混在させ硬化させる。

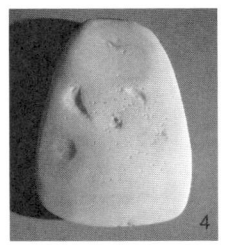

学術解説資料としてのレプリカ
インドネシアバリ島の磨製石斧未成品から完成までの工程を示すレプリカ（筆者蔵）
（1）新石器時代の磨製石斧の未成品（実物）
（2）〜（5）（レプリカ）
硬質ウレタン樹脂によって未成品のレプリカを製作し、それら加工して磨製石斧が完成するまでの工程を研磨の段階ごとに示した。

第 3 章　レプリカの製作と活用

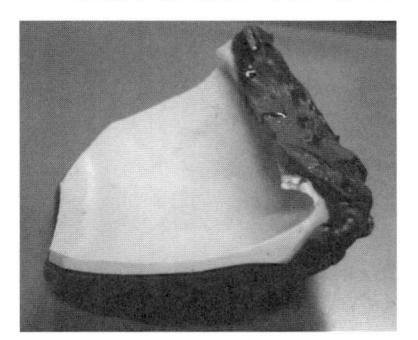

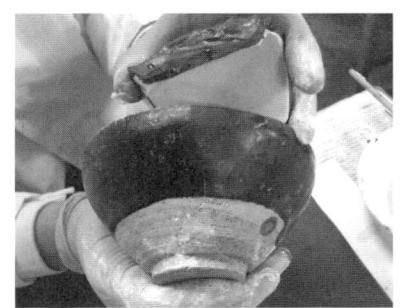

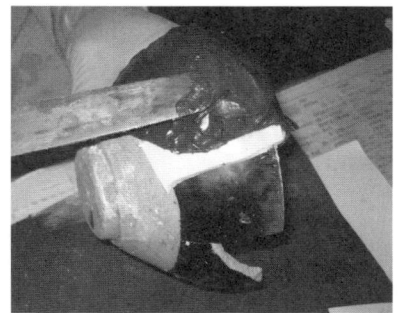

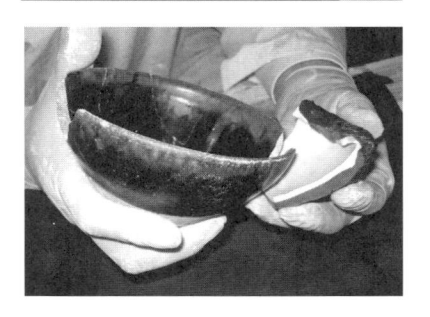

コピックを用いた瀬戸天目のレプリカ修復
（阿豆佐和気命神社境内祭祀遺跡調査団提供）
口縁部の欠失部分を補うべくコピックを用いて残存部分を型取りし、欠失部分にあてがい樹脂を充填した後、彩色。無駄なく美しい仕上がりとなる。

（4）離型・調整・着色

　樹脂が完全に硬化した段階で慎重に離型し、バリなど細部を調整した後アクリル塗料で彩色し完成。

4　レプリカ復元

　推定復元を実施する場合において用いられる技術で、レプリカ復元と呼ばれる。器形の明らかでない縄文土器などの断片的な土器片から器形を復元する際、実物を用いず、土器片のレプリカを製作して推定復元するものである。

　ここに掲載した資料は國學院大學考古学研究室が5次にわたる調査（1979年～1986年）で新潟県中里村壬遺跡で発掘した縄文時代草創期の円孔文土器である。発掘当時全国的にみても草創期の土器自体の類例が少なく、継続調査の途中でもあったため器形を復元するための情報が不十分であった。そこで比較的個体数の多い破片を抽出しすべての破片のレプリカを製作し、青木豊によって推定復元されたものである。

5　レプリカ修復

　精度の必要な修復において実施するもので、欠損する部分を印象材を用いて精密な型取り（レプリカ）によって補填する技術である。欠損する部分が残存する周囲の状況に近似する場合などのケースにおいては極めて精緻な復元が可能となる。

　例えば口縁部が部分的に欠損する瀬戸天目碗（16世紀）などは、この方法によって残存する欠損部分周辺の本体を疵付けることなく美しく修復することができる。

6　レプリカ展示と表記

　展示構成上必要な資料を補填する場合、特にレプリカを単体で用いるには細心の注意が必要である。基本的には、資料保存の考えに裏付けされた展示の補助的役割を担うものであるという不文律を全うすべきで、観覧者に不信感を与えるような濫用や表記に注意しなければならない。

第3章　レプリカの製作と活用

　レプリカ展示における標記については、青木豊[1]・山本哲也[2]等が述べているように自館収蔵資料に限っては、そこに「ほんもの」があるのだから見学者の観察心を考慮して表記なしでの使用を肯定している。これは資料保存の観点にたった発想であることは言うまでもない。さらにこれに加えて原あゆみは、保存の観点に立脚するレプリカ展示にも、

　　レプリカ展示する際のキャプションにその理由を明記することで、見学者の理解を図り、また博物館機能についての理解を得ることができると考えるのである。[3]

とし、「どうしてレプリカを展示しているのか」を一般に理解させる表記の正当性を主張する。

　表記方法は現状では千差万別であるが「複製」などと直截に表記したり、「※」などのマーキングを付置したり、「Reprica」の頭文字をとってローマ字表記で小さく「R」などと表記する方法が取られているが、どの表記方法が最も適しているのかは定かではない。つまるところ説明なく本物として見せようとする展示環境下にあるレプリカに「偽物マーク」があっては観覧者の失望感を誘発することは間違いない。例えば実物資料の比較展示資料として「R」マークの付されたレプリカが用いられる展示環境下では観覧者はスムースに受け入れることができる場合もある。つまりレプリカは、その用い方一つで存在価値が大きく変わることを充分に意識し、展示計画を充分に検討した上での博物館展示への採用が必要なのである。

註
（1）青木　豊　1986「レプリカ（型取り模造）と計測模造の相互関係―硬玉製勾玉等の計測模造製作を実例として―」『國學院大學博物館学紀要』第11輯、國學院大學博物館学研究室
（2）山本哲也　1991「レプリカ展示小考」『國學院大學博物館学紀要』第16輯、國學院大學博物館学研究室
（3）原あゆみ　2004「歴史系博物館に於けるレプリカ活用の研究」『國學院大學博物館学紀要』第28輯、國學院大學博物館学研究室

第4章　考古資料の保存と修復

1　保存・修復の目的

　ICOMの職業倫理規定には、専門職の行為として収集品の保存と修復について次のように述べている。

　　博物館専門職の重要な倫理義務の一つは現存する収集品または新取得品及び専門職とその博物館が責任を有する個々の資料の適切なケアと保存を行うことと、現存の知識と手段を使って次の世代に収集品を良好で安全な状態で伝えることである。この高い理想を達成するために現在知られている自然或いは人為的な原因による標本或いは美術品の劣化の防止方法と技術に関する知識を管理母体に知らせる配慮が特になされるべきである。（中略）各種の保存や修復作業上の倫理問題はそれ自体大きな研究課題であり、館長、学芸員、保存・保護専門家などこの分野に責任を有する人々はこれらの倫理問題を充分に理解し、保存・修復専門家団体の倫理規定・声明に表明される適切な専門的見解に精通する重要な責任を持つ。

博物館資料の修復には、文化財の劣化を押さえ、良好なコンディションの状態で公開しながら未来へ継承するという大きな目的と、それを遂行するための倫理問題を含めた適切な判断が必要とされるということである。修復しようとする資料を適切に処理するためには、資料そのものに関する深い理解と、それに関わる素材や修復技術の習得が必要である。たとえ修復を専門業者に委託するにしても、上記の専門的見解が欠如している場合においては専門業者まかせになってしまい適切な処理がなされているかどうかの判断が蔑ろにされてしまうという不都合が生じる場合もある。

　近年、文化財における保存科学の発展は著しく、様々な埋蔵文化財や地上に残された石造文化財、経年による劣化をきたした絵画や工芸品など数え上げればきりがないほどの文化財が、世界の彼方此方で人類へ供する未来への

遺産として保存修復がなされている。文化財の保存と修復は、人類にとっての文明のあかしである文物を過去から遡って現在、未来へと継承する重要な分野を担っていることは世界に共通する認識である。今を生きる我々現代人にとっては、過去の劣化した文物を保存科学の力によって甦らせ、視覚を通して目前に供されることによって、過去の人類の様々な英知を実感することができるのである。したがって保存科学の需要は、素材の改良や技術革新を経ながら博物館の増加と相俟って今後益々伸びてゆくことは必至であろう。

　わが国においても保存科学に展示を供する博物館の現場に直に対応できる実学としての即応性が求められていることもまた事実である。それぞれの文化財に最も適した処理方法を希求するのが目的で、様々な文化財の修復に対して新しい修復技術を競うことが保存科学の方向性ならばそれは間違いである。資料の保存と活用を考え、総合的な視点から資料をいかに良好なコンディションにもっていくかが重要である。わが国においては、国公立、私立の各博物館に独立して Conservator や Restorer が配置されている機関は、極めて数が少ないのが現状であり、なおかつ専門的職掌としての Conservator、Restorer を養成する高等教育機関の絶対的不足から、実際には手がまわらないのが実情であろう。現実的には、独立行政法人の奈良文化財研究所や東京文化財研究所などの公的機関と財団法人元興寺文化財研究所、民間の修復研究所、東京芸術大学など保存科学科や文化財学科を有する国公立、私立大学などが、わが国における文化財修復の指導的立場を担っているといっても過言ではない。東京文化財研究所では 1995 年度から世界の文化財の保存・修復に関する国際的な研究交流、保存修復事業への協力、専門家の養成、情報の収集と活用等を実施し、文化財保護における国際的な責務を果たすことを目的として国際文化財保存修復協力センターを組織し、国際文化財修復研究会などを主催して特にアジアを中心とした具体的な支援活動を実施している。

　文化庁は国立の施設を利用して博物館及び美術館学芸員、埋蔵文化財担当者等の専門研修制度を設け各種の事業を展開している。現在のところ保存科学という学問分野は、埋蔵文化財や工芸品の保存修復を第一義としており、完成された文化財活用の実務は、展示学を擁する博物館学の学問分野との適

合が重要となっている。

　今、この分野に最も望まれることは、伝統工芸など永年にわたる技術的研鑽を積まねば成しえない分野は別にして、一人でも多くの関係者が誤ることなく実際に行なうことができる修復技術の普及である。わが国の多くの博物館では、博物館資料保存、修復に関する専門的職掌としてConservatorやRestorerの細分化はなされておらず、保存科学の専門的教育についても最近になってようやく活況を呈してきた感も否めない。したがって、資料保存や修復に関する詳細に及ぶマニュアル化や、修復技術の素材を含めた方法論に関しての関係者間における共通認識が希薄である。実験を踏まえた机上の学問としてのみならず実学としての汎用性が望まれるところである。登石健三は、修復者の専門性を重視し、博物館学芸員の文化財修復に対する姿勢としてRestorerとしての資質よりもPreservationの姿勢の重要性を説いている[1]。Preservationとは、物そのものにさほど手を加えることなく、保存や展示の環境条件を整えることによって保存するといったニュアンスの用語であることから学芸員の資料保存、修復に関して資料管理者としての職掌を重要視している。しかし、膨大な博物館資料のすべてについてPreservationの姿勢を全うすることは困難である。資料価値の高いものは別にして、ある程度、自館での資料修復を実施しなければならないケースも数多く、資料別に修復素材、修復方法など修復技術の正しいマニュアル化が進めば可能であるものと考える。そのため各大学をはじめとした教育養成機関に対して正しい知識と技術を身に付けた専門家の輩出を望み、関係機関には一人でも多くの採用を要望するところである。

　さて、修復者が博物館資料修復の目的として忘れてならないことは、単に資料を修復すればその目的が達成されるという誤った認識である。修復する前段階からの入念な診断記録や修復後の保存環境、経年による修復素材の変質状況把握などの一連を含めた修復に臨むべきなのである。修復者が博物館資料修復に際して成すべき要件は、1.修復前の現状調査（診断）および調査記録の作成、2.損傷原因の解明、3.修復素材と化学組成などの内容記録、4.修復方法および修復工程記録（写真・映像）、5.保管・展示環境の設定、6.修復後の永年にわたるコンディションチェックなどである。

註
（１） 登石健三　1990『文化財・保存科学の原理』丹青社、11頁

2　資料の修復をめぐる法的基盤

　平成2年（1990）の社会教育審議会教育施設分科会では、「博物館の整備・運営の在り方について」（平成2年6月29日）という課題で博物館活動について審議され、博物館活動の活発化や博物館活動の振興のための基盤整備など具体的な方策を論じている。その中で、職員資質の向上として「保存、修復などにあたる職員にあっては保存技術の進歩、情報処理技術の進展等に伴い絶えず新たな知識・技術を身に付ける必要に迫られている。」ことから、国、地方公共団体、博物館関係団体等における各種研修会の必要性を説いている。

　平成10年（1998）3月、文化庁が提示している文化振興マスタープランでは、特に文化財の積極的な公開、活用を強調しており、あらためて美術工芸品や建造物、歴史的集落、町並みなどの文化財の保護・修復等の充実強化が謳われている。具体的施策の一つとして、平成10年（1998）6月には「美術品の美術館における公開の促進に関する法律」（平成10年6月10日、法律第99号）が制定され、「相続税の物納の特例措置」を含む「登録美術品制度の導入」の実施に踏み切った。特に個人所有などの優れた美術品（国宝・重要文化財や優れた外国作品など）について登録制度を設け、登録美術品の美術館における公開促進が目的である。申請者は審査を経て美術品を登録し、文化庁の斡旋する特定の美術館と契約を締結し美術品を公開するという制度である。特典としては、相続税納税の際、登録美術品は申請により物納が認められる場合の優先順位を第一位とすることができるというものである。

　わが国における資料の保存・修復をめぐる実績は比較的古く、明治時代の初期から行なわれている正倉院御物の保存修復作業や日本美術院によって昭和2年（1927）から昭和32年（1957）にかけて実施された三十三間堂千体仏修復など日本古美術修復の伝統と技術は継承されている。国宝・重文クラスの工芸品の修復は比較的充実した体制が整えられているものの考古学的な発

掘資料などは、国公立の数少ない機関と民間の専門業者がその中心的役割を担っている。修復をめぐる法的基盤はといえば、博物館資料について博物館法（昭和26年12月1日、法律第285号）第3条（博物館の事業）四には、

　　博物館資料に関する専門的、技術的な調査研究を行うこと。

とのみ記され、『公立博物館の設置運営に関する基準』（昭和48年11月30日文部省告示164号）第6条（資料）5には、

　　博物館は、一次資料の所在を調査して、その収集及び保管（現地保存を含む。）に努めるとともに、資料の補修及び更新、新しい模型の製作等により所蔵資料の整備及び充実に努めるものとする。

文化財保護法（昭和25年5月30日法律第214号）においては文化財の保存・修復・公開・活用に到るまでの体系が明らかにされている。

　第一章　総則

　第一条　この法律は文化財を保存し、且つ、その活用を図り、もって国民の文化的向上に資するとともに、世界文化の進歩に貢献することを目的とする。

　第二条　この法律で「文化財」とは、次ぎに掲げるものをいう。

　一　建造物、絵画、彫刻、工芸品、書籍、典籍、古文書その他の有形の文化的所産で我が国にとって歴史上又は芸術上価値の高いもの（これらのものと一体をなしてその価値を形成している土地その他の物件を含む。）並びに考古資料及びその他の学術上価値の高い歴史資料（以下「有形文化財」という。）

　二　演劇、音楽、工芸技術その他の無形の文化的所産で我が国にとって歴史上又は芸術上価値の高いもの（以下「無形文化財」という。）

　三　衣食住、生業、信仰、年中行事等に関する風俗慣習、民俗芸能及びこれらに用いられる衣服、器具、家屋その他の物件で我が国民の生活の推移の理解のため欠くことのできないもの（以下「民俗文化財」という。）

　四　貝づか、古墳、都城跡、城跡、旧宅その他の遺跡で我が国にとって歴史上又は学術上価値の高いもの、庭園、橋梁、峡谷、海浜、山岳その他の名勝地で我が国にとって芸術上又は観賞上価値の高いもの並びに動物（生息地、繁殖地及び渡来地を含む。）、植物（自生地を含む。）及び地質鉱物

（特異な自然の現象の生じている土地を含む。）で我が国にとって学術上価値の高いもの（以下「記念物」という。）
　　五　周囲の環境と一体をなして歴史的風致を形成している伝統的な建造物群で価値の高いもの（以下「伝統的建造物群」という。）

文化財の規定については上記のごとく人文系博物館資料であり、有形文化財の絵画・彫刻・工芸品・考古資料・書跡・典籍・古文書・歴史資料・建造物である。しかし、一部を除いて民俗文化財の規定から外れる産業技術史や科学史資料、さらには医学史に係る資料などには指定は及んでいないが近年その枠は広がりつつある。今後減少すると思われる資料的価値の高い貴重な資料の散逸を防ぐためにも、さらに指定文化財の幅を広げることが必要であろう。

公開・活用に関しては、政府および地方公共団体の任務として、
　　その保存が適切に行われるように、周到の注意をもってこの法律の趣旨の徹底に努めなければならない。（第三条）
　　文化財の所有者その他の関係者は、文化財が貴重な国民的財産であることを自覚し、これを公共のために大切に保存するとともに、できるだけこれを公開する等その文化的活用に努めなければならない。（第四条　2）

国宝、重要文化財として指定された物件に関しては、第三章第一節に細かな規定が示されている。

管理に関して、
　　文化庁長官は、重要文化財の所有者に対し、重要文化財の管理に関し必要な指示をすることができる。（第二款　第三十条）
　　重要文化財の全部又は一部が滅失し、若しくはき損し、又はこれを亡失し、若しくは盗み取られたときは、所有者（管理責任者又は管理団体がある場合は、その者）は、文部省令の定める事項を記載した書面をもって、その事実を知った日から十日以内に文化庁長官に届け出なければならない。
（第二款　第三十三条）

修復を含めた保護については、
　　重要文化財の管理又は修復につき多額の経費を要し、重要文化財の所有者又は管理団体がその負担に堪えない場合その他特別の事情がある場合に

は、政府はその経費の一部に充てさせるため、重要文化財の所有者又は管理団体に対し補助金を交付することができる。(第二款　第三十五条)
国宝の修復に関しては、

　文化庁長官は、左記の各号の一（所有者、管理責任者又は管理団体が前二条の規定に従わないとき。）に該当する場合においては、国宝につき自ら修復を行い、又は消滅、き損若しくは盗難の防止の措置をすることができる。(第二款　第三十八条)

　重要文化財に関しその現状を変更し、又はその保存に影響を及ぼす行為をしようとするときは、文化庁長官の許可を受けなければならない。(第二款　第四十三条)
重要文化財を修復しようとするときは、

　所有者又は管理団体は、修理に着手しようとする日の三十日前までに、文部省令の定めるところにより、文化庁長官にその旨を届け出なければならない。(第二款　第四十三条の二)

　重要文化財の所有者（管理団体がある場合は、その者）は、文化庁長官の定める条件により、文化庁長官に重要文化財の管理（管理団体がある場合を除く。）又は修復を委託することができる。(第二款　第四十七条)
などの詳細が明らかにされている。

3　土器の修復

考古資料に限らず修復は、一定の不文律の下になされるべきである。陶磁器の修復に時として認められる異個体を呼びついだものや美術市場にある縄文土器などで付いてもいない把手を取り付け、質感、色彩を似せてあたかもオリジナルであるかのように見せる加飾は、当然慎むべきである。しかし、古陶磁趣味の世界では呼びつがれた資料が伝世し、愛玩されている事実もあり、呼つぎそのものを一概に否定できない部分もある。

　縄文土器などでも、焼成後意図的に改変を加えることによって用いられたものについても慎重に修復すべきである。例えば、炉体土器として用いられたが故に胴部下半が故意に打ち欠かかれた縄文時代中期の深鉢など、二次的使用の痕跡を残すものなどがあげられる。また、粗製土器などの中で粘土紐

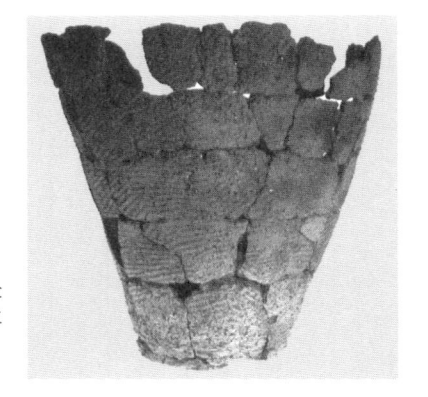

輪積みの痕跡を留める縄文土器
(新潟県佐渡市小木町元小木遺跡)
横に走る等間隔の亀裂は縄文土器が製作された際の輪積痕がそのまま現われたもので、綺麗に補填してしまわないことに意味がある。
(小木町教育委員会)

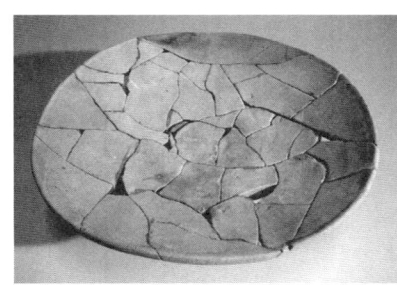

神に奉献した後に粉砕された高坏
(東京都大島町和泉浜C遺跡)
7世紀後半に営まれた国家的祭祀遺跡で、天変地異を恐れ、伊豆の神々に奉献された後の器は、粉砕されている。粉々にすることに祭祀的な意味があることから、その事実を如実に示すような復元が望ましい。
(大島町教育委員会)

による輪積みの痕跡が明らかで、その製作工程を如実に示す資料などについても丁寧に修復するあまり、痕跡を完全に補填してしまうなどのケースも一考の余地があろう。土偶などのように呪術具としてこわされた状態で出土する資料などについても完形に復元することは、こわすという縄文人の行為を示した正しい歴史の叙述にはならないのである。古墳に埋葬された青銅鏡の内、破鏡として打ち割られた資料なども完全に接合して完全に復元してしまうことなども同様であろう。鏡を打ち割るという祭祀行為が反映されている

ことがその理由である。

　また、前述したように縄文草創期の土器などで口縁部から底部まで連続して接合しない微細な破片資料を完形土器の如く復元するといった方法も慎むべきところであろう。このような例に限らず希少資料の復元は、破片を型取りし、レプリカを製作した後、推定復元する「レプリカ復元」などの措置をこうじる必要があろう。

修復の方法

　埋蔵文化財として発掘される縄文土器・弥生土器・土師器・かわらけなど素焼き（酸化炎焼成）の土器は、多くの場合、土圧によって壊れ破片状態で検出されるのが一般的である。修復は、検出→水洗→乾燥→（補強）→註記→接合→補填→調整→着色の手順で実施される。発掘現場での検出状況の写真や実測図による記録後、慎重に取り上げ、洗浄ブラシによる入念な水洗を施した後、自然に乾燥させる。洗浄に用いるブラシは、土器表面に疵が付かないように状況に応じて毛先の柔軟な製品を用いることが好ましい。水洗後、乾燥が終了した段階で土器そのものの劣化状況を観察し、遺存状況によっては脆弱な器胎に水溶性バインダーを含浸させ強化を図る。この際、土器表面にバインダー溶液が溜まりそのままの状態で乾燥が進むと、表面に樹脂光沢が残り質感が損なわれるので飽和状態まで吸湿させた段階で、表面のみを水洗し余計なバインダー溶液を洗い流す工程を忘れてはならない。また、土器そのものの焼成温度が低く遺跡の立地状況が低湿地などにあった場合、その場で樹脂含浸を施工する必要性があり、場合によっては検出状態のまま型取りして取り上げる必要性も生じるであろう。

（１）接　合

　接合は、器形全体に狂いが生じないように慎重を期して実施する必要があり、復元作業の中でも重要な部分である。接合に用いる接着剤は、一般にセルロース系のセメダインＣ等を用い、接着後にくるいが生じた場合、取り外しの容易な製品を用いることが基本である。接着力の強いエポキシ系接着剤などを用いた場合、後年の再修復の際に難をきたし、結局は本体の劣化につながることになるので注意しなければならない。しかし、その遺存状況によっては割れ口に摩滅が生じ密接な接着が不可能な場合には、ある程度強力

で速乾性のある接着剤を用いる必要があろう。ガラス繊維の混入などによってペースト状をなす不飽和ポリエステル樹脂などをその代用として用いることも可能である。接合の際、接着剤が乾燥するまでの間、破片同士を仮止めする手段としてガムテープを用いる場合があるが、土器によっては表面がガムテープの粘着剤によって剥落する危険性が高く、使用に際しては慎重を期す必要があろう。油粘土は、土器に油分を吸着させるため仮止めや補填の際に使用してはいけない。仮止めには、全体を大きく固定する場合には食付きのよい晒や麻紐などの素材を用い、部分的な固定にはバネの弱い洗濯バサミやゴム粘土などを用い、本体に疵を付けない工夫が必要である。

（2） 補填・調整

接合が完成した段階で、欠損部分に補填材を入れる作業に移行する。手順としては、欠損部周辺の本体を保護する意味からも補填箇所をなるべく少量の補填材を用いて修復することが望ましい。そのためには、周辺の器形に合致させるべくオリジナル部分からの型取りを行ない、欠損部分を補填する作業を行なう「型取り復元」。通常、口縁部などの場合残存する本体にゴム粘土などを押し付け簡易型取りを行なうことが多いが、より正確な復元を求めるなら型持たせを使用することが望ましい。型取りの印象剤としては、ゴム粘土や樹脂素材の型取りシートなどの他にアルギン酸ナトリウムを主原料としたコピックなどを用いる。コピックは、粉末状を呈しており水を加えて攪拌し、ゲル状になった状態で対象物に押し付け雌型を製作するもので数分で硬化する。浸透性が低く正確な型取りには不向きであるが、復元作業などに応用する簡易型取りには使い勝手のよい印象剤である。

補填材には、石膏などを用いることが多いが、含水量の多さゆえ垂直面への充填が困難で、垂れによって土器本体を汚損する要因ともなる。また、石膏の特性として硬化した面への後付けが出来ないという致命的な欠陥がある。近年では質感を鑑み様々な充填素材が用いられている。若干不安定な部分もあるが石膏を主剤に無機質で構成されているモデライトなどは、土器の補填剤として有効な素材の一つである。その特性は、硬化後も後付けが適い、土器の質感に合わせて砂などの混和材を加えることができる点と硬化時間をある程度調節できるという点である。使用方法は、石膏と同じく粉状を

なす本体に少しずつ水を加えて粘度を調節し、希望の硬さに練り上げ用いるというもので、通常の場合、硬化時間は１時間程度である。半硬化の状態で縄文土器であれば各種の施文具を復元し用いたり、粘土紐を貼り付けたりといったことも可能であることから、よりリアリティのある復元が可能となるのである。石膏素材以外では粘土状エポキシ樹脂なども補塡材として用いられる事例も多いが、硬化後の加工の困難さと健康への影響（内分泌攪乱作用環境ホルモン・ビスフェノールＡを含有）から日常的な使用には問題があろう。

　対象によってはパテタイプの不飽和ポリエステル樹脂（New Fighter5 No.28 等）による補塡も効果的である。速乾性で完全硬化後の切削作業は困難となるが、硬化直後の数時間は比較的容易に加工できる。何より少量でも強力な接合がかなうため芯材としても利用できる。ただ扱う場合には揮発性の有害物質と強烈な悪臭を発生させるため換気をよくし、マスクの着用は必至である。

　陶土粘土・磁器粉粘土（商品名ノバクレイ・ニューノバクレイ等）は乾燥にやや時間を要し広い面積に用いた場合乾燥後の肉痩せと混和材の砂粒が目立つなどの難点もあるが、補塡材としては安全かつ汎用性の高いものである。東芸府中工房の堀江武史氏は、塩ビシートの芯材を使い、さらに粘土状エポキシ樹脂に土粉やパーライトを混入したものを併用するなどしてオリジナルの肌合いに近いマチュールの良好な修復を手がけている[1]。充塡材として理想的な要件は以下のとおりである。

1．取り扱いが容易
2．低価格
3．垂直面への補塡が適う
4．後付けが適う
5．肉痩せしない
6．混和材などによって質感を調節できる
7．人体への影響が少ない
8．廃棄物としての安全性（ダイオキシン等の有害物質が出ない）

（3） 着 色

　水溶性アクリルペイントを用いて着色するが、最も注意しなければならない点はオリジナル部分を汚損しないということである。したがってオリジナル部分にはマスキングを施し、補填部分のみを着色する。着色には以下の方法が考えられる。

1. オリジナル部分とほぼ同じマチュールを再現する。
   完形品と見紛う精度で彩色を施す。
2. オリジナル部分と同系色の彩色を施す。
   明らかに修復部分は見極めできるのだが、一見すると完形品のように見える。
3. オリジナル部分と同系色の単彩を施す。敢えて修復部分を明らかにする。
4. オリジナル部分と異なる単彩を施す。強調して修復部分を明らかにする。

　考古資料の場合、補修部分とオリジナル部分の見分けがつかない修復では、学術的に問題が生じる場合もあり、補填部分の造作は精緻でありながら彩色は見分けがつく程度のあり方がのぞましい。つまり粗雑な造作の補填部

勝坂式土器の復元（東京都青梅市駒木野遺跡）（青梅市教育委員会）
縄文時代中期の集落遺跡である駒木野遺跡では、同一住居址から造形的に優れた勝坂式土器が検出されている。ヘビやイノシシをあしらったダイナミックな造形美を丁寧な復元修復によって、縄文の感性を今日に伝える。

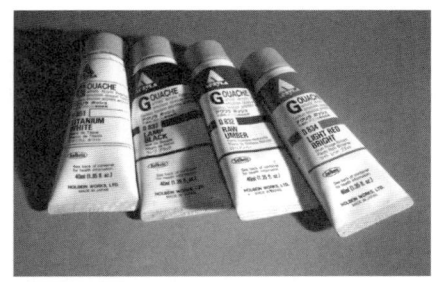

水溶性アクリルペイント
水溶性で扱い易く、揮発臭もなく色が豊富であり、乾燥後の強度にも問題はない。樹脂光沢を抑えたタイプもあり重宝する。土器などに含まれる砂や長石の粒子表現は歯ブラシに塗料を含ませ粒度を調節して指先ではじいて塗装する。塗装の際には周囲への粒子の拡散を防ぐために、オリジナル部分のマスキングは充分にしておくこと。

分を彩色によってごまかすような修復方法ではなく、手間をかけ充分に納得のいく修復がなされた資料の価値は倍増する。

さて、具体的な彩色方法であるが、まず彩色を施す部分の周囲にビニールなどでマスキングを施す。この際、粘着力の弱いマスキングテープなどを使用し、ガムテープなど粘着性の強いもので貼り込まないことがポイントである。塗料は水溶性アクリルペイントを用い、徐々に色を合わせていく。ベースの彩色には筆、あるいはエアーブラシによる吹付塗装を行なう。土器などは近似した単色を施す場合もあるが、ある程度粒子をとばして質感を表現した方が素材の臨場感が再現でき効果的である。粒子をとばす方法はエアーブラシを用いるか油絵に使う金網でスパッタリングするか、あるいは歯ブラシを用いて飛ばす方法もある。

註
（1）堀江武史 1999「土器の復元材料」『文化財の造形保存』株式会社東芸府中工房

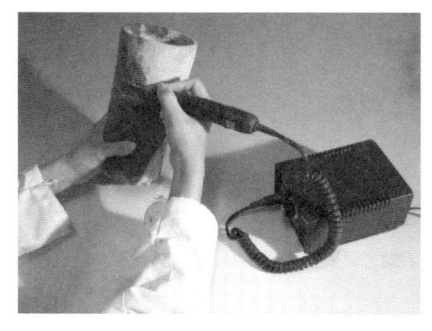

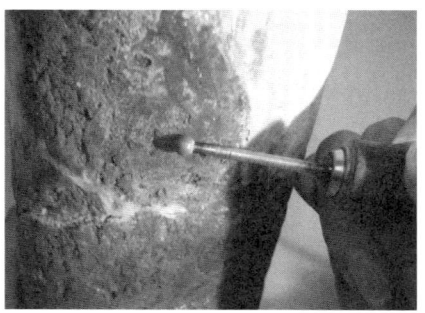

マイクログラインダーによる細部の調整
鉄製経筒に発生したコブ状の鉄サビをマイクログラインダーを用いて除去している。マイクログラインダーは、径に合わせてチャックが交換でき、各種形状、ダイヤモンドなど、各種素材のアタッチメントが装着できる。修復した土器に文様を彫刻したり、余剰部分を削り取ったり多用途に使える。

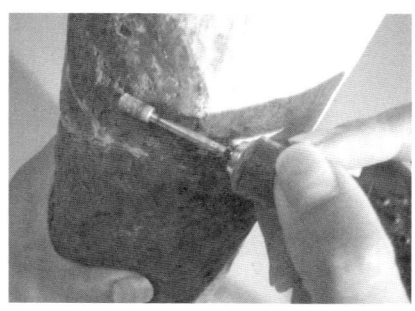

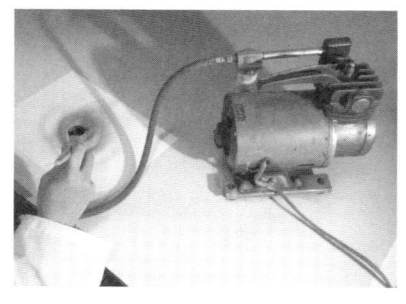

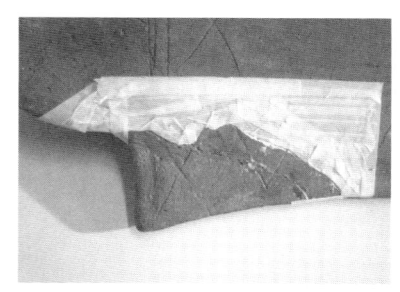

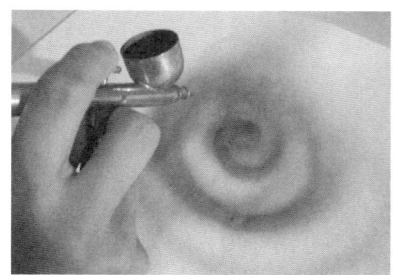

エアーブラシによる吹付け塗装
ぼかしの効果が必要な場合や、全体に斑なく塗装する必要性がある場合にはエアーコンプレッサーにピースコンハンドピースを装着して塗装する。ノズルを絞り込んでも広範囲に塗料の粒子が拡散する恐れがあるので、マスキング（上）を充分にし、資料のオリジナル部分を保護することを心がけよう。

危険な化学物質から身を守る

　修復には様々な樹脂、薬品等の素材や油断すると危険な工具を用いることは言うまでもない。樹脂、塗料には人体に悪影響を与える多くの化学物質が含まれており、注意が必要である。揮発した有害物質を吸い込む場合や、直接皮膚から取り込んでしまうなど様々な局面で危険な状況に陥ってしまう。溶剤にシンナーを使う場合や、ポリエステル樹脂などのようにスチレンモノマーの強烈な悪臭にマスクをせざるをえない状況となる。エポキシ樹脂などは全く無臭であるが、含有されるエピクロロヒドリンは、強い発癌性物質であり、特に肝臓障害を引き起こす。油性の塗料を使用した場合には石油、灯油、トルエン、アルコール類などによって汚れを落とす場合が多いが、直接皮膚についた場合、強い肌荒れも起こる。特にブラシ等での摩擦を伴うなど作業内容によっては、角質層まで破壊され、時には出血することもある。

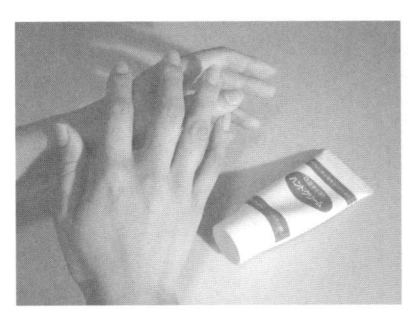

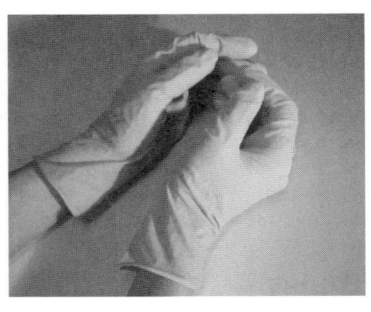

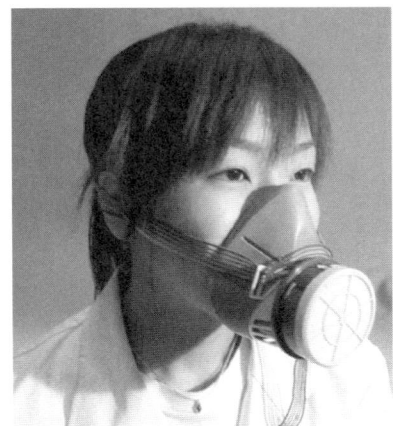

作業前の防備

直接化学物質に触れないように作業前には、ハンドクリームを充分に塗り込み、さらに薄いゴム手袋等をはめて手を保護しよう。専用の皮膚保護剤なども市販されている。口や鼻腔から科学物質を吸い込まないように防塵マスクの着用を習慣づけることが肝要だ。写真の防塵マスクはカートリッジ式となっており便利である。作業内容によっては目の保護のためゴーグルも必要だろう。

各種樹脂や油性塗料、微細なガラス繊維が拡散するグラスウール等を使用する時は、自身と周辺の人たちの安全を確保することが必要だ。室内での使用時には、充分な換気と防塵マスクの使用、皮膚の露出を避け手袋を着用することを徹底しなければならない。

4　陶磁器の修復

　近年の近世考古学の発掘件数の増加を反映して、遺物量が比較的多い割に修復技術が立ち遅れているのが陶磁類を主とした資料である。

　一般に伝世品を中心とした陶磁器等の工芸品の修復は、多くの場合専業の手を経て成される場合が多く、多額の経費が必要であることから、よほどの優品でないかぎり手の込んだ修復がなされない場合が多い。ましてや埋蔵文化財として発掘された陶磁器などで資料的に価値の高いものであっても、縄文土器や弥生土器などと同じく石膏その他の素材で、従来どおりの修復がなされるのが一般的である。伝統的な美術工芸の分野では、古くより観賞あるいは実用という立場から専業的職掌をもって諸工芸を修復し、観賞価値の高い優品には大所高所からその物に最も見合った「なおし」を行なってきた。しかもその伝統的修復技術は頑なに守られ、諸工芸を後世に伝える重要な役割を担ってきたのである。これらの修復は単に保存という観点にのみ留まるものではなく、用を加味し、さらには修復者の高次な感性によっては修復と相俟った新たな美を創造するところとさえなっている。技術的に、よりよい修復というものは、資料に異なった付加価値を与え、それを目にする者に新たな美意識を提供するという事実もある。

　しかし、現状においては陶磁器の修復というものは、高度な技術と次元の高い感性を伴い、しかも経費的にかさむものと考えられがちであるため、伝統的な修復技術の優秀さを横目にしながら、一方では敬遠されるきらいがあるようにも感じられる。埋蔵文化財の調査数が増え、多くの陶磁器が発掘されるようになった現状においては、中世、近世の都市遺跡、窯業址等の生産遺跡等各地に膨大な資料の蓄積がある。中には工芸的に優秀かつ希少な資料も多く存在し、人々の目に触れることなく収蔵庫に収まっていることが多い。学術的データとして蓄積するだけではなく、これらの資料に衣を着せ、

第4章 考古資料の保存と修復

積極的に世に出すことも一方では研究者の責務であると考える。

ここでは、特に陶磁器の修復技術とその素材の特性について、筆者の行なったいくつかの事例をあげながら比較的簡便で見映えのよい方法を紹介してみたいと思う。

博物館学的にみた陶磁器修復の不文律と修復理念

陶磁器に限らず、考古資料や工芸品を修復する際には明らかに侵してはいけない一定の不文律が存在する。巷に古美術品として流通する縄文土器の中には、付いてもいない把手を類似する他の個体から呼びついで口縁部に取り付けたものなどを時として目にする。一方で、特に古陶磁に見られる陶片の呼つぎは歴史的に由緒ある修復技法として確立されていることもまた事実である。

個人コレクターの愛玩対象としての陶磁器の修復は、当然そのものの持つ歴史的事実を具に反映する必要性は問われない。例えば蔵骨器として用いられた常滑不識壺の底部に穿たれた水抜き孔を塞いで花器として用いるなどである。しかしながら文化財を扱う者の立場としては、使用に耐え、観賞価値を高めるためにのみ、このような数寄者的資料の修復、改変を行なうことは許されない。学術資料の持つ情報を正確に伝えるという基本姿勢をまっとうし、それらの資料が歩んできた歴史的事実を忠実に伝える責務を忘れてはならないのである。このあたりが美観と希少性、さらには使用を目的とする個

古瀬戸瓶子（12世紀後半）
（國學院大學考古学資料館蔵）
本来神に捧げる神饌である酒を入れた容器だが、これは中世のある時期、蔵骨器に転用されたものである。口縁部を故意にとばして細かく打ち砕いた火葬骨を納めている。口を欠く行為に意味があるなら口縁部の修復は不要だろう。

人コレクターと資料を通して歴史を紐解き、また一般に啓蒙する側との根本的な立場の違いである。

　あらゆる文化財修復に共通する第一義は、経年による劣化を背負った貴重な文化遺産を後世にまで伝えることを使命とした補強にあるといっても過言ではない。そして、その修復は将来、再修理に至った時点においてオリジナル部を損なうことなく容易に、しかも完全に除去できるという原則は全うしなければならないところに難しさがある。単に補強するだけでなく再修理を考慮しなければならないということは、一方では相矛盾する問題点を含んでいるが、今日、一般的に修復に用いられる樹脂や石膏といった人工素材の経年による劣化は免れないものであり、数年から数十年の間隔で必ず再修理することが必然的となっている。青木豊は考古資料の再修理に備え、個々の資料について使用した接着剤・補填材・塗料等の素材の種類と名称、特性などを明らかにし、さらに修復の方法等についてすべてのデータを詳細に記録した「資料復元修理カルテ」を作成し、備えるべきであると主張する。臨床的な見地からカルテによって記録を残し、さらにその残されたデータから、よ

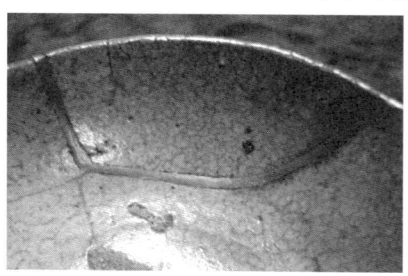

呼びつぎされた古唐津盃（16世紀後半）
愛好家の好む古唐津の山盃にほどこされた呼びつぎの例。本体とほぼ直径を一にする同じ窯の陶片を上手く金つぎで違和感なく修復している。

り確かな修理方法を確立しようという合理的な方法である。

　第二は、何といっても視覚に訴える展示資料として充分な情報を観覧者に提供しなければならないという点である。縄文土器などは、特に全体器形を復元することによって、その用途や斬新なデザイン性を人々に訴える力がつき、より多くの視覚的な教育効果が期待できるというものである。しかも技術的に卓越した修復ほど訴える力は強いことはいうまでもない。かつて、ある博物館で開催された中国文物展を訪ねたおり、会場には精美な古代青銅器や陶器が多数展示されていたが、その多くの展示資料に石膏による極めて稚拙な修復がなされていたため、会場全体を彩る豪華なディスプレイとは対照をなす陳腐さを覚えたことがある。展示資料が優秀で、しかも豪奢な展示空間を演出しているにも関らず、資料の修復がそぐわないために起こったミスマッチである。このような資料と展示ケース、展示環境の取り合わせの不具合は、意外に多くの場所で見られるところである。陶磁器類に関していえば、希少で美しい優品であれば一点一点について鑑賞に重点を置いた展示を考える必要が生じるであろうし、修復に関しても修復箇所が資料本来の美的価値を妨げることのない、それ相応の素材や美観を考慮したものでなければならないのである。さらには、観賞の妨げとならない展示ケースや照明にも工夫が必要となろう。博物館展示にはこのあたりの妥協は禁物で、物を展示する場合の基本的な設えの方法を展示する側が充分に理解しているか否かに負うところが大きい。欧米の博物館展示をやみくもに賛美するつもりはないが、かつて訪れたシカゴ美術館の日本美術部門の一室は、広い展示空間に瀟洒な日本風の設えがなされ、ダウンライトの中に緋色のすばらしい信楽大壺がゆったりと展示されてあったのが印象深い。漆黒の闇から浮かび上がるように展示された大壺は、まさに展示空間においては日本という国をイメージさせるのに充分なものであった。信楽大壺の持ち味を理解し充分にその良さを引きだす感性を有した者でしかなしえない展示である。修復者や展示デザイナーは、季節の草花と花器の取り合わせを考えなければならない生け花の師範や、料理と器をコーディネイトする料理人の技と同様の感性が必要であろう。それほど資料的価値の高い陶磁器の修復には単純な復元、修理作業では割り切れない美的な感性を備えたものである必要性が問われるべきなので

ある。

　以上、数ある命題を解決しながら陶磁器の修復にあたらねばならないのであるが、具体的な修復をなすに際して陶磁器の疵や損傷の法則性について理解しておく必要がある。この点に関して明らかにしておく。

疵の法則性

　修復を要する陶磁器の疵には、その入り方に明らかな法則性が認められ、大きく二分される。

焼成段階での疵

　陶磁器が窯で焼かれる段階においてすでに疵をもって窯出しされ、伝世しているもので、一般に山疵などとも称される。このような疵はあえて修復せず、そのままのコンディションで保存する方が無難である場合が多い。

　例えば信楽や常滑・伊賀・丹波など六古窯に代表される無釉焼締め陶器などには、時として胴部の真ん中に大きな皹(ひび)や割れが生じていることがある。そして、これらの本来あってはならない疵が、鑑賞陶器としての一つの見どころとなる場合が多いのである。故意に作られたとはいえ、武将茶人古田織部の絶賛した重要文化財、古伊賀水指銘「破袋(やぶれぶくろ)」などはその典型である。また、室町時代の信楽の大壺などは、口が欠け多少の疵や降り物があって変化に富んでいた方が乱れの少ない平坦な器肌のものより遙かに評価は高くなるというものである。資料によっては疵を修復することが、そのものの評価を下げるということも修復者は理解すべきであろう。山疵を持つ陶磁器に修復を加えるか否かの判断が、修復者の美的判断に委ねられるのならば、やはり修復者には陶磁器を鑑賞する高次な眼がなければならないということが言える。このような古美術愛玩的な感性を学術的な部分で消化し、実践できるか否かは甚だ困難な部分であるがなくてはならないところでもある。

（1）山疵・窯割れ

　陶磁器を窯（山）へ入れる前に受けた皹や欠けを総称する。特に壺や甕の底、皿の高台の内側部分などが裂けたものを底割れと称している。

（2）膨れ

　陶土の練りが甘く、土の中に入っていた空気が窯の熱で風船のように膨らんでコブ状になったもの、さらに膨らみが膨張して破裂してしまった状態を

示す。江戸時代の信楽茶壺などにまま見られる。鑑賞する際の評価は低い。
（3）降りもの
　窯の構築材である粘土の塊や灰が壺の肩や皿の見込に落ちて焼き付いたものをいう。
（4）癒着
　窯の中で隣接する焼物が部分的に癒着してしまった状態を「クッツキ」と称している。
（5）ケムリ
　青磁や白磁などの中で器面の施釉層に燃料の薪の煙が暗く染込んだ状態を「ケムリ」と称し、この場合は資料評価の大きな欠点となる。当然、染抜きなどの処置を施してもコンディションは戻ることはない。
（6）虫喰い
　古染付などに通常認められる窯疵の一つで、碗、皿の口唇部などに認められる線状の釉剥げを指す。古染付には約束事の一つであるが故に、疵とは見做さないのが一般的である。

後天的な疵

　伝世していて疵の付かない陶磁器などない。茶碗の見込などに見られる茶筅擦れなども手前によって付く広義での疵であり、永らく伝世するなかで付く疵、永く土中にあって器面が風化（かせ）たり釉剥げしたものなども後天的な疵の一種であろう。
　一般的に疵の認識は、落したり使用によってついた口縁部の欠けや器体の割れ、ニュウなどを指し、鑑賞する際、明らかに欠点となる部分を言う。前にも述べたが、後天的な疵であっても鑑賞の妨げとならない場合は、そのままのコンディションに留めておくのが基本である。貫入に染み込んだ汚れなどについても端正な美しさを良しとする磁器などでは完全に除去した方が鑑賞価値が上がり、李朝や唐津などの陶器では釉薬の貫入と器胎に染み込んだ古色が器そのものの品格や個性、存在価値を主張していることが多い。部分的な修復で完形になる場合でも、形を復元してしまうことによって見所のなくなる場合がよくある。だからといって完形の状態で伝世したものを鑑賞価値を高めるために故意に打ち欠くなどの改変を加えることなどは決して行な

うべきではない。

　一方、前述したように同じ疵や壊れでも人為的行為によって付されたもの、例えば常滑小壺を蔵骨器として転用する際に穿たれた水抜き孔や瀬戸瓶子の口縁部の打ち欠きなどの修復は、その用途を反映した歴史的事実の改変そのものであるためさし控えるべきであろう。

(1) 欠損

　落下や接触などによって部分的に欠け落ちる欠損には、その頻度によって様々な名称（ミリ単位の小さな欠けはホツ、薄い欠損はソゲ・ハマグリなど）が付けられている。

(2) ニュウ

　釉薬層だけでなく器胎にまで達した皺のことで、精美を鑑賞の基本とする磁器などにおいては致命的な疵と評価される場合が多い。ニュウはその罅の入り方によってニュウ・内ニュウ・地貫・Y字ニュウ・逆Y字ニュウ・熊手ニュウ・鳥足（トリアシ）などに分類される李朝陶器や磁器、唐津、古瀬戸などではさほど気にせず、むしろ景色として評価する場合が多い。無論、貫入は疵ではなく、前述したようにそこにしみ込んだ汚れは時として除去する必要がある。

(3) カセ

　長い間の土中や水中によって釉の表面が風化して荒れた状態をいう。物によっては観賞価値を著しく低下させる。

(4) 釉剥げ

　三彩や緑釉、褐釉といった軟陶質の焼物に多く見られるもので、釉薬の部分だけが器胎より剥げ落ちた状態を言う。

修復の方法と素材

(1)　接合の方法

　陶磁器の修復は、様々な状況に対応して資料にとって最もよいコンディションに持っていくものでなければならない。とりわけ資料的価値の高い優品は、仕上がりを想定して予め修復素材や技法について入念に吟味する必要があろう。ここでは陶磁器修復の基本的な技術や素材について紹介しておこう。

第4章　考古資料の保存と修復

　a）ニュウ・罅のクリーニングと固定
　一旦傷ついたニュウや皹は、そのまま放置しておくと温湿度の変化などの外的要因によってますます広がることがあり、完全に固定しておく必要がある。ニュウに汚れが染込んだシミニュウなどの中で、鑑賞上、除去する必要がある場合は、市販の弱アルカリ性の酸素系漂白剤（過炭酸ナトリウム）などを用いて汚れを取り除くのが無難である。適量を60℃以下のぬるま湯で希釈した中に浸し、様子を見ながら数時間から一昼夜程度の時間をかけて汚れを除去していく。あまりにひどい汚れは、次亜塩酸ナトリウムを含む塩素系漂白剤や希塩酸を用い、場合によっては数日から十日程度の長時間浸すことによって汚れが浮き上りクリーニングが可能となる。永年にわたって器胎に入り込んだ土染みなどの汚れを完全に除去するのは至難の業とも言えるが、以上の方法で細心の注意を払いながら漂白を繰り返すことによってある程度汚れが抜け、資料によっては鑑賞の妨げとなる貫入に染込んだ汚れも同様の方法で除去することができる。クリーニングが完了し完全に乾燥した段階で、状況によってはアルファシアノアクリレート系モノマーを用いてニュウや皹の中に染み込ませ接合強化を行ない、硬化した段階で最終仕上げとして番手の細かい研磨材を用いて器面調整を実施し作業は完了する。

　b）鎹直し・焼きつぎ
　伝統的な陶磁器の接合には漆による接着や東山御物北宋青磁国宝「馬蝗絆」に代表される「鎹直し」、幕末頃の陶磁器に多く認められる低火度鉛釉系の透明釉による「焼きつぎ」などが知られる。漆による接着は生漆と麦粉を混合した麦漆や炊いた飯粒を潰して生漆と混ぜたものを接着剤として用いるが、今日では、用途に応じて各種の接着剤や樹脂を用いるのが一般的な接着の方法である。
　陶磁器の接合にはセメダインCなどのニトロセルロース系の接着剤は不向きである。陶器や炻器などには場合によっては用いることもあるが、器胎の薄い磁器などは歪みが生じ、美観を損ねることは必至である。したがって密接な接合をなす磁器等に関しては、アルファキルシアノアルキレート系モノマー（商品名アロンアロファー）をごく少量用いて接着するのが歪みを押える点から効果的であろう。アセトンで簡単に溶解できる点でも使い易い素材

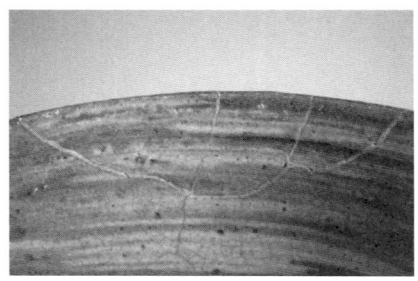

焼きつぎされた後期唐津鉢（左上下）
鎹で補修された瀬戸馬目皿
低火度鉛釉系の透明釉による焼きつぎや鎹直しは、本来継続して使用することを目的とした修復で美観を伴うものではないが、見ようによっては景色と見えるものもある。

である。

　接合部位の処埋は色調や接合部位の範囲など修復資料個々のコンディションによって異なり、「奇跡の壺」のように完全に修復個所を塗膜によって覆い隠し、本体と色調を合わせ接合個所をわからなくした共色直しや、あえて接合部に金漆や銀漆を置くことによって接合個所を目立つようにした金繕いや銀繕いの手法が用いられる。

　炻器や陶器質の資料への共色直しは、樹脂にそれに見あった混和剤や塗料を混入し色調子を合わせ接合し、さらに補彩によって調整を施せばほとんど見分けが付かないほどに修復できる。接合面の共色直しでもっとも注意しなければならない点は、オリジナル部分への塗料や樹脂の塗り込みで、ぼかし込みの必要な場合でも極力狭い範囲で行ない、塗布した素材は後々完全に除去できるものを用いることが条件であろう。

　　c）金つぎ・金なおし
　金つぎは、わが国伝統の陶磁器修復技術の一つである。接合やニュウの修復技術として、堅牢性から特に茶碗などの茶陶の繕いに用いられてきた技法

第 4 章　考古資料の保存と修復

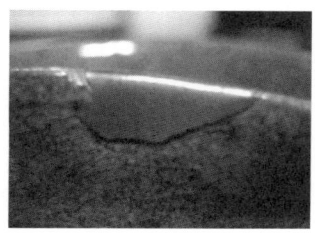

金なおしされた青唐津盃（17 世紀前半）
江戸時代の古箱と共に伝世する青唐津盃に施された金直しの例。今日のように多様な修復素材のなかった時代には、木粉漆などを土台に形を整えその上から金漆が施され、木炭などによって入念に研磨されている。直しにも経年によるスレなどによって古色があり、風格を添えている。

である。疵や接合個所をあえて隠さず、金という素材を用いて疵を景色と見立てる技術である。本金つぎは、本漆と純金粉、金箔を修復素材として用いる。その方法は大きく次の二通りが知られる。

1．生漆に金粉を混入し、極細の面相筆によって接合面に漆を置き乾燥させ、半乾きの状態で金粉を表面に蒔く。そのままの状態で乾燥させ、完了後、表面の光沢を得るために極微粒子の研磨材によって磨き上げる。
2．書き込みまでは、ほぼ同じ手順であるが金粉のかわりに金箔を貼り込む。完全に乾燥するまではそのままの状態で安置し、乾燥後余分な箔を除去し、柔らかい布で軽く磨いて完成。

金粉や金箔には、含有される銅の割合によって青みがかった色合いの青金や赤みの強い金など様々な色調があるので、金つぎの対象物の違いによって使用する金の色合を決定しなければならない。また、金粉は粒子の大きさによって光沢の出難いものがあるので注意する必要がある。金粉は良質の素材を用いても光沢は得難く、金つぎに適した素材としては金粉の中でも平極（ひらごく）などを用いれば漆に混入しても表面に蒔いても比較的良好な光沢を得ることができる。

　筆による漆のせは、接合部位に対して可能なかぎり狭い範囲に留め、線の幅も一定の太さに統一することが肝要である。しかも金粉の量を調整して、

奇跡の壺・朝鮮王朝時代白磁大壺（17世紀末）
（大阪市立東洋陶磁美術館蔵）
朝鮮王朝官窯の製品である白磁大壺は、作家志賀直哉（1883〜1971）から東大寺別当雲海師に贈られ永らく東大寺塔頭観音院に飾られていた。1995年窃盗犯が逃げる途中で追い詰められ、地面に叩きつけてしまった。粉砕した壺の破片は大阪市立東洋陶磁美術館に寄贈された後に巧緻な修復がなされ、元の姿を取り戻し「奇跡の壺」と呼ばれている。

石膏による補修
朝鮮王朝時代壺（18世紀後半〜19世紀）（國學院大學考古学資料館蔵）
保存を目的とした仮修復として石膏を用いた例

　漆がある程度盛上るように粘度を調整する工夫が必要であり、器面にのせる前に調子を見ておくことが重要である。完成された仕事を成すためには、漆のせの道具である筆の吟味も必要となり、個々の技量に見あった修復者なりの加工や工夫も重要となってくる。
　また、金つぎに用いる生漆は熟練しない者が扱うと皮膚に炎症をおこすため、取り扱いには充分に注意が必要である。ゴム手袋などで厳重に防御しても体質によっては揮発するウルシオールだけでも炎症をおこす人もいる。代用品としてカシュー漆を用いてもよいが本漆のような堅牢性は望めない。金粉の代用品としては、市販の真鍮粉を用いると一見純金と見紛うほどの効果

的な色調を得ることができる。真鍮粉にも様々な色合いのものが市販されているので資料のコンディションに合わせて用いることが可能である。金つぎの一応の体裁が必要な場合などは手軽で使い勝手のよい素材である。

（２）　欠損部分の補填と修復

　発掘された多くの陶磁器は、割れているだけでなくその破片を失っている例が多い。口縁部が部分的に飛んでいたり、胴部に窓が開いていたりと様々である。このような欠損した資料をどのように修復してゆくか、ある程度伝統的な技術を踏襲しながら現在筆者が実施している修復技術について紹介してみたいと思う。

補填素剤の特性と調合

　一般に土器等の修復には石膏やモデライトなどの素材を用いている。石膏は単価が安く取り扱いが容易である点から古くから修復素材として用いられているが、経年による劣化が比較的早く起こるという点において問題点も指摘されている。モデライトは、石膏を主剤に改良を加えたもので、近年製品にばらつきがあるものの硬化時間が長く、加工調整作業に時間をかけることができる点と質感調整に伴う砂などの充填剤の混入が容易である点から優れた素材である。また、エポキシ樹脂エマルジョンとシランカップリング剤を用いた質感を伴う土器充填材等の開発的研究もある。

　須恵器や炻器、陶磁器の修復に石膏やモデライトも用いられるが、耐久性や博物館展示資料として、より完成された美観を求める場合においては、やはり各種の樹脂を用い修復した方が無難である。修復に用いる樹脂は様々であるが、基本的には硬化後の経年による変色のない素材を選択することが好ましい。近年では様々なタイプの樹脂が市販されており、不飽和ポリエステル系やさらに収縮率が極めて小さく強度を有するエポキシ系の樹脂などが多用されている。樹脂の選択は、修復の最終的なコンディションをどこにもってゆくかによって決定される。仕上がりの色調だけを例にあげれば、白磁に透明釉がかかった資料の共色直しには疑似器胎に色のついた補填材を用いることができず、逆に金繕いや銀繕いには下地の樹脂の色の吟味はあえて必要ないことがポイントとなる。いずれの場合においても用いる樹脂の特性の理解とある程度の試験結果なしには使用してはいけないという不文律は踏襲す

べきであろう。

樹脂の特性

不飽和ポリエステル樹脂

不飽和ポリエステルは、常温、常圧下で成形でき、色調は一般に淡黄色、粘稠な液状体である。不飽和ポリエステル（アルキド）とビニールモノマーとの混合物が基本で、その組み合わせや配合比率によって異なった性質を有する樹脂が作られる。液状体にガラス繊維を加えてペースト状にした製品もあり、特に耐衝撃性に優れている。一般に比重が大きく完全硬化後の加工が困難で収縮率が大きいという難点もあるが、これまで臨床的に用いてきて特に大きな問題はない。スチレンモノマーの悪臭にさえ注意すれば、扱いやすい材料の一つであることは間違いのない事実であろう。ポリエステルの特性としては、①電気特性、機械的特性に優れている、②耐熱性に優れ、耐薬品性、耐水性・耐溶剤性に優れる、③強酸・強アルカリに侵されることなどで、製品によっては多少のバラツキはあるが、使用可能期間は約半年〜1年である。

ガラス粉末を混入しペースト状に仕上げられた不飽和ポリエステル樹脂で、自動車の板金用のショックパテである。接着力と外的衝撃に強く、取り扱いが比較的簡便であるため修復に用いる場合汎用性が高い。また充填材の混入や各種塗料の色乗りもよく、価格的にも安価である。主剤：硬化剤を100：1の割合で混合し、約3分で硬化がはじまり約1時間で完全硬化する。硬化後は非常に堅牢で、大きな補填部の加工は困難をきたす場合があるので、使用の際は注意を有する。硬化時の色調は淡紺色を呈するため、いずれの使用例においても着色が必要である。

530早研ぎパテ（イサム塗料株式会社）

ペースト状に仕上げられた不飽和ポリエステル樹脂で、主剤：硬化剤を100：2の割合で混合し、上記とほぼ同じ時間内で硬化する。気温に対応しており標準型と冬型（W型）の2種類が市販されている。硬化時の色調は淡茶色を呈する。本樹脂の最大の特徴は、New Fighter 5に比べて硬度が弱く、研ぎ出し易いという特性を有している。特に広い範囲などへの樹脂補填が必要な時に役立つが、やはり収縮率が大きくレプリカなどの充填素材とし

ては不向きである。また、主剤と硬化剤の有効期限は半年と早く、少量ずつの使用では瞬く間に大半を毒性の強い廃棄物として処分することになるので注意しなければならない。

　スーパーポリパテ（ジャパン・レジンクラフト）
　90gの少量で市販されているペースト状の不飽和ポリエステル樹脂で、小規模な修復には取り扱いが簡便で扱い易い。主剤は白色を呈し、硬化剤は無色透明のパーメックを用いるため、硬化後の色調は白色である。使用目的によって炭酸カルシウムなどの補填剤を混入することによってクレイ状にして用いたり、レジンメリテルを混入して流動性を高めるなど、粘度を調節できる。

　ポリテル（ジャパン・レジンクラフト）
　90gの少量で市販されている無色透明の積層用不飽和ポリエステル樹脂で、使用目的によって様々な充填剤を混入することが可能である。市販価格はエポキシ樹脂に比べて安価で収縮率の違いを除けばほぼ同様な質感を得ることができる。

　エポキシ系樹脂
　不飽和ポリエステル樹脂と同じく常温、常圧下で成形できるのが特徴である。特に多量の充填剤を加えて土木建築方面や接着剤・塗料・電気部品の絶縁体として応用されている。エポキシ樹脂の種類や硬化剤の種類、硬化時の温度などによって異なるが、つぎにあげる特性を有している。a 接着力が大きい、b 耐熱性が大きい、c 電気特性、機械的特性に優れている、d 耐熱性に優れ、耐薬品性・耐水性・耐溶剤性に優れる。e 硬化の収縮率が不飽和ポリエステル樹脂などに比べて極めて小さい。

　補填材としては、ポリエステル樹脂やエポキシ樹脂の他に注型用のポリウレタン樹脂やポリスチレン樹脂、塩化ビニール樹脂など様々な樹脂素材があるが、質感や強度、取り扱い等の点で2種の樹脂が陶磁器の修復に適しているものである。

　クリスタルレジン（国際ケミカル株式会社）
　クリスタルレジンは、低粘度タイプの無色透明のエポキシ樹脂である。主剤と硬化剤を配合比2：1の割合で混合させる2液性で、主剤は、ビスフェ

ノールA型液状エポキシ樹脂、硬化剤は変性脂環式ポリアミンであり、収縮率は極めて低い。可使時間は、60分（23℃ 100g）で離型可能時間は24時間である。本来は注型用として開発されたものであるが、各種の混和材が混入可能で、器胎に合わせた色調整が可能であり、硬化後の質感や強度の点から陶磁器修復に適した樹脂である。市販価格は比較的高価で量的にも少ないが、多少のホツやカケ欠損個所の補填には逆に小出しがきいて使い勝手がよい。取り扱い上注意すべき点は、15℃以下の低温度になると硬化時間が長くなり、さらに長時間低温が続くと正常に硬化しない場合があるので注意しなければならない。適性作業温度は、15℃〜30℃で温度を上昇させれば硬化時間はある程度短縮できる。

デブコンET（アイ・ティー・ダブリュー・インダストリー株式会社　デブコン事業部）

デブコンETは、注型用の高透明エポキシ樹脂で、低粘度タイプである。主剤と硬化剤の配合比や可使時間はクリスタルレジンとほぼ同様な特性を示すが、同条件で硬化時間が12時間と半減している。多量に使用すると反応熱も高くなり、場合によっては発熱によって焦げが生じる場合もあるため注意しなければならない。収縮率はクリスタルレジンとほぼ同様の0.1％前後であり、有機質、無機質各種充填剤の混入や専用着色剤やラッカーなどの油性塗料による主剤の着色が可能である。

アロンアルファ（東亜合成株式会社）

アルファシアノアクリレート系モノマーで接着物の表面についているごく微量の水分で急速固化（重合）するもので、強い接着力を瞬時に得ることができる。粘度や性質には各種のバラエティーがあり、磁器などの接合には低粘度タイプのものを用い、多孔質の陶器などには高粘度タイプが適している。多湿雰囲気での接着において揮散した樹脂が白色微粉末状の樹脂（アロンアロファの重合体）を生成するため注意すべきである。白化現象が起こってしまった場合には、アセトンなどの溶剤を含ませた布でふき取る処置をとる。

樹脂による疑似器胎

高透明の樹脂を修復対象となる器胎の色調に合わせて滑石粉（タルク）や粉末の炭酸カルシウム・胡粉などを用いて色調・質感を合わせて疑似器胎を

アルファシアノアクリレート系モノマーと滑石粉を混和した疑似器胎
硬化すると非常に強固であり無臭、研ぎ上げた質感は磁器に近い。熱にも強く変形もない。

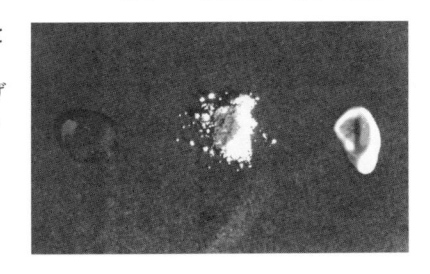

調合する。エポキシ樹脂には基本的に炭酸カルシウムやタルクなどの混和材や専用塗料の混入が可能で微妙な質感を再現した疑似器胎をつくることが可能である。磁器などの欠損部の補填にアロンアルファを用いる場合には、白化現象のない工業用800番台（無臭・無白化タイプ）にタルク（滑石粉）を混入して疑似器胎を調合する。この方法で作った疑似器胎は圧倒的な強度が得られ、質感もほとんど磁器と変わらないほどの仕上がりとなる。

樹脂を用いた共色直し

越州窯小壺

口縁部をクリスタルレジンをベースに炭酸カルシウムを混入し疑似器胎を調合、硬化後に調整し、着色剤を混入、淡緑色に調整をしたクリスタルレジンを釉薬として掛けている。色調は修復個所を明らかにする意味で本体と全く同じように色彩調整せず、微妙に色を変えている。一般に土器などを着色する常套手段としてアクリル系ペイントを筆によって描き込む方法やエアーブラシによる吹き付法などがあるが、繊細な色絵磁器など透明感を伴う釉調を演出した塗装は至難の業である。塗料によって文様を書き込んだ上に透明樹脂をかけても臨場感は得られないことから透明樹脂に塗料を混入した疑似釉を用いることが効果的である。しかし、染め付け磁器などに見られる呉須の滲んだ状況を再現することなどは不可能に近く、共色直しでは逆に違和感を覚えることもあるため、修復するための技法選択の見極めは重要である。調合したペーストは、硬化剤を加えて欠損部分に補填するが、その際、特に多量使用する際には、一度に補填しないことが重要なポイントとなる。エポキシ樹脂の場合は、収縮率が極めて低くその心配は少ないが、ポリエステル樹脂の多量の使用は、硬化収縮を伴うので注意が必要である。こういったポ

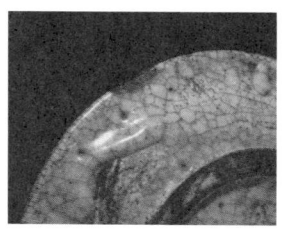

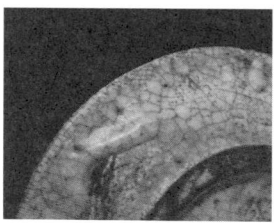

共色直し
志野小皿（左上下）と越州窯小壺

リエステル樹脂の収縮による接合面のクラックの発生は、数層に分けて樹脂を積層することで防止できる。器胎の調整は、耐水ペーパーを用い、番手の粗い300程度から徐々に研ぎ上げ、最終800〜1000番手の細かいペーパーで仕上げていく。徴妙な曲面の狂いが、仕上がりに大きな影響を与えるため、器胎の調整は入念に実施しなければならない。耐水ペーパーによる研ぎ出しの際には、オリジナル部分に疵を付けないようにマスキングの施工は必ず行なうことが重要である。

志野小皿

口縁部のホツを樹脂によって共色直しした例である。極めて微細な欠損部であるため、エポキシ樹脂に同色の補填剤を調合し、本体とほぼ同一の色調を出している。貫入の質感は樹脂を時間を置いて点状に硬化させることによって雰囲気を出している。

樹脂を用いた金直し・銀直し

初期伊万里瓶

ふくよかに張り出した胴部に染め付けによる草花文様が描かれた雅趣に富むものであるが故に、口縁部の欠失はいかにも惜しいものである。端反りの口縁部を様式どおりに再現することによって、全体のバランスがとれ、観賞価値は数段上がっている。口縁部の形状を粘土型で復元し、樹脂を充填し形を再現した。修復素材は、クリスタルレジンをベースに、炭酸カルシウムを

第4章　考古資料の保存と修復

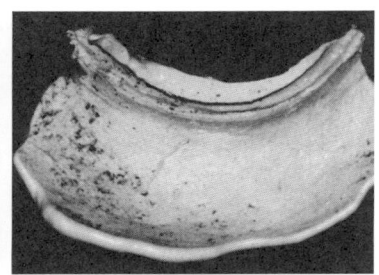

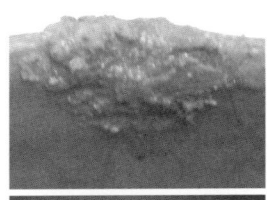

共色直し
常滑広口壺（14世紀）
6つの破片を繋ぎあわせ欠失する口縁部はコピックによって型取りし、エポキシ樹脂に酸化鉄とタルクを混ぜた疑似器胎を用いて補填。

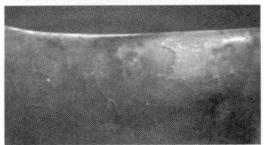

赤楽茶碗（現代作）
アロンアルファに滑石粉、朱を混入して疑似器胎を作り、少量ずつ盛り上げた後平滑に削り上げている。器胎で色を合わせているので補彩は不要。

金直し
朝鮮王朝時代白磁小壺（17世紀）（左）と伊万里瓶（17世紀）
疵を隠さずに逆に景色としてしまうのは、日本人の感性だ。

混入した疑似器胎を調合し硬化させ、番手の異なる数種類の耐水ペーパーによって器面調整を実施した。塗料は、カシュー漆をベースに純金粉を混入し素地を作り、半乾燥の状態でさらに金箔を貼り込んである。

　朝鮮王朝時代白磁小壺

　口縁部の欠損をアルファシアノアクリレート系モノマーにタルクを混入した疑似器胎で積層補填し、底部の窯疵と共に純金繕いによって修復した例である。白磁と純金のシンプルな色合のコントラストは資料の観賞価値を引き立てている。

　蒔絵直し

　日本の伝統的な陶磁器修復の技法の一つに、蒔絵技術を応用した方法が知られている。特に唐津や李朝といった本来、麁相な景色の焼物の修復個所にあえて金や銀によって蒔絵や漆絵を施し、変化を楽しむのが狙いである。金繕いされた部分に精美な書込による高蒔絵などが施されたものは、時として本体の美しさと相まって新たな美の世界を演出することもある。しかし、過剰な施文は逆に蛇足となる場合もあるので、素材の吟味と文様のデザインなどには充分な検討が必要である。

【事例報告：和歌山県西牟婁郡日置川町長寿寺出土
**　　　　　　　　　　　　　「暦応伍年紀年銘古備前大甕」の修復】**

1．修復に至る経緯

　本資料は、昭和36年（1961）和歌山県日置川町大古長寿寺境内の竹林よ

第4章　考古資料の保存と修復

り偶然にも掘り出され、同寺の故杉浦宗般住職によって破片の状態で大切に保管されていたものである。器面には暦応五年（1342）の紀年銘とともに僧侶の立ち姿や魚文が描かれており全国的にも希少な資料である。昭和53年（1978）岡山県立博物館によって修復がなされたが、新しい破片の発見、さらには石膏の経年変化による劣化が著しいため平成12年（2000）再修復を実施させて戴いた次第である。

2．修復の基本姿勢
（1）石膏による資料の汚損を完全に除去する。
（2）破片の入念な観察による部位の正確な特定。
（3）見た目の質感等ビジュアル性を重要視する。
（4）最大高65cm、口径35.4cmを測る大型品であるため、運搬等に充分耐え得る強度をもたせる、などを基本に慎重に作業を実施した。

3．作業工程
　破片の接合を外す作業は大型資料ゆえ強固に接合されており、意外にも困難をきたした。全体が石膏で補填されていたため石膏を除去するところから作業を開始。表面の付着の除去、特に裏面に盛り上げられた石膏の除去は、極めて困難であったが、物理的な方法ならびに塩素系漂白剤の希釈溶液によって行なった。

　接合
　接合関係なく分離して形作られていた破片の大半が今回新たに接合。底部から肩部にかけて連続して接合。接合はアルファシアノアクリレート系モノマーを主剤にした素材を使用。

　補填・整形
　全体のおおよそ1/2が欠損するため、ポリエステル樹脂を基本に砂粒や顔料を混入した疑似器胎によって補填、リューター等の器具を用いて整形。

　着色・完成
　整形終了後、水溶性アクリルペイントによって着色。色付けのポイントは質感をだしながらオリジナル部分と識別できる点である。

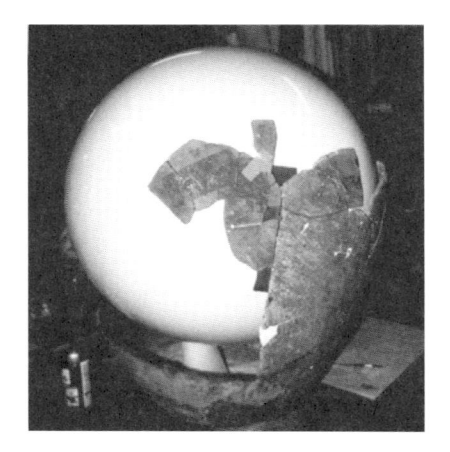

日置川町出土備前焼大壺の修復

全体の3分の1以上を欠損するもので、以前は石膏で復元されていた。経年によって劣化しぼろぼろと崩れるほどになったため、樹脂による復元を行なった。総高65cmと大型であるため復元には3カ月以上の時間を要した。暦応五年紀年銘と僧侶の姿が線刻された全国的にも極めて希少な資料であるが故に入念な修復を行なった。

文献

内川隆志 2001「和歌山県西牟婁郡日置川町長壽寺出土暦応伍年紀年銘古備前大甕について」『國學院大學考古学資料館紀要』第17輯

5　金属製品の保存処理と修復

鉄製品の保存処理

鉄製品の保存処理は、事前の調査を経て次の順で行なう。

１．クリーニング

大きく浮き出た錆を物理的に取り外し、細部はグラインダー、ルーターなどの電動工具で徐々に削り落としてゆく。さらに微細な部分は、コンプレッサーによって圧縮空気を送り、マグネシウム粉を吹き付けるエアーブラシ法によって汚れや錆を除去する。

２．脱塩処理

鉄製品は、水酸化ナトリウム（NaOH）・炭酸カリウム（K_2CO_3）などのアルカリ溶液に浸して処理を行なう。その他電気化学的還元法や灼熱水素還元法など特殊な処理技術も開発されている。

３．合成樹脂含浸

非水系のアクリルエマルジョンなどが用いられている。展示の際の見映えを考慮し、樹脂の溜まりを入念に除去するなど、含浸後の樹脂光沢に注意する必要がある。

鞘に入った状態の刀子の処理
鞘全体を充分にクリーニングし、シリコーンゴムによって型取り表面を固定する。中央から繊細に刃物を入れ鞘を分割し、刀子本体を取り出し保存処理した。

4．接着・補塡・整形

含浸終了後、ポリエステル樹脂、エポキシ樹脂などによって接着し、欠損部分などを補塡する。透明樹脂に顔料を混入し、色調を整えた補塡剤を調合したものを用いる。透明のポリエステル樹脂、エポキシ樹脂などに対象とする資料の色調に合わせて充塡材を混入し、欠損部を補塡する。特に補彩せずにそのままの状態で展示する場合など整形は質感に合わせて視覚上の十分な配慮が必要である。

5．着色・仕上げ

着色する場合は、水溶性のアクリルペイントが簡便である。乾燥段階での塗膜は堅牢で、色数も多く、オリジナル部分との色合わせが比較的容易にできる。

銅製品の保存処理

銅・青銅製品などの処理は、錆の性質の見極めと保存処理について慎重を期する必要がある。錆と一口にいっても様々で、古美術の世界で珍重する緑青であるところの塩基性炭素銅（$CuCo_3・Cu(OH)_2$）と所謂ブロンズ病と呼ばれる塩基性塩化銅（$CuCl_2・3Cu(OH)_2$）とは性質的に正反対である。前者は、資料を安定させる良い錆であり、充分に保護し緑青の深い味わいを毀損しないように手入れすることを心がけなければならないし、後者は資料を腐食し続けるため守備よく除去しなければならない。処理工程は鉄製品と同様、入念な事前の調査を経て実施される。

1．クリーニング

銅製品のクリーニングは、鉄製品と比較した場合、より細心の注意をもって対処する必要がある。処理前の判断の誤りが取り返しのつかない事態を引き起こすことを常に考えながら作業を実施しなければならない。特に錆の種類と劣化の状態を見誤ることなく作業を進める必要があろう。また、安定した緑青で覆われた部分などについては、表面に手荒なクリーニングを施すことなく自然な状態で温存することが大切である。銅製品のクリーニングに鉄製品の処理で用いるエアーブラシなどを用いた場合、その使用をあやまると銅表面の塗膜を疵つけることになるので充分に考慮すべきである。

伝統に基づく古銅器のクリーニング法は、象牙の箆によって表面を磨きあ

げる方法が取られる。象牙には適度な堅さと粘りがあり、銅器の表面を疵つけることなく、また自然な光沢を失うことなく汚れを除去することができる。化学的な処置と平行して用い、よい錆を温存する姿勢が重要である。

2．防錆

銅製品は、塩化物による腐食の進行を抑え安定させることに重点が置かれ、かつては主にアルカリ性のセスキ酸ナトリウム（Na_2CO_3・$NaHCO_3$・$2H_2O$）を希釈した溶液に浸す方法がとられてきたが、緑青表面に変色をきたすため、今日では、ベンゾトリアゾール（BTA）法が効果的な処理方法として行なわれている。ベンゾトリアゾールは、青銅器の銅化合物（銅イオン）に反応し、塩化物イオンに侵されることのない塗膜を形成し、安定する。ベンゾトリアゾールをアクリル樹脂に混入した商品もあるが、その使用に関しては慎重を期するべきであろう。なぜならば安易なアクリル樹脂の塗布によって青銅器の表面に不自然な光沢が残存するからである。

埋蔵文化財として検出された青銅器に関して、修復者は緑青の美しさを美として享受すべく心掛けるべきである。古銅器の最高峰とされる殷・周の青銅器の圧倒的な美しさは、数千年の年月によって熟成された複雑な塩基性炭酸銅の織り成す錆色と複雑精緻な鋳造技術が相俟った美として世界共通の美術品として多くの人々を魅了していることからも納得できるところであろう。したがって、修復者は可能なかぎりにおいて緑青の美しさを温存しながら患部の処置を実施しなければならない。Presarvationの姿勢が必要である。銅器の表面を覆う緑青を見極め、表面に出たブロンズ病の病巣を最小限に押さえて除去することから作業を開始し、できるだけ表面を保護しながらX線像によって内部の状態を入念に観察した結果を踏まえて、適切な処置を成すべきである。保存環境を整える一方で、殷・周青銅器の美しさを最大限に引き出す処置を長い時間をかけて徐々に施しながら様子をみる姿勢で慎重に対処する。青銅器の命は、緑青が醸し出す表面の自然な光沢である。一度失った自然な光沢を人為的に取り戻そうと微粒子のコンパウンドやダイヤモンドペーストを用い、バフがけしても、決して全く元どおりにはならないことを修復者は認識すべきであろう。総じて古銅器の表面には銅成分の腐蝕による一種独特な光沢を有する膜面が形成されており、この膜面を壊さずに処

西周時代の觚

3000年以上前の中国古代の青銅器に固着した錆の塊を落とし、深く美しい塩基性炭酸銅の緑青色を表出させるのは容易なことではない。エアーブラシ等による急激な物理的処理は表面を荒し、古色を帯びた光沢を消失させることとなる。象牙の端材を加工した箆を用いて、8年の歳月をかけて全体を覆っていた極めて硬く黒い錆を落としている。途上ではあるが、外見上は色調、全体のコンディション等良好な状況を呈している。（筆者蔵）

理することが最も重要なのである。世界に伝存する殷・周青銅器などの内、よほど遺存状態が劣悪で腐食が進んだものでない限り、急激なブロンズ病の浸潤によって崩壊に至った例はなかろう。塩基性炭酸銅の醸し出す緑青は、広義での「美」そのものである。文化財の修復者を医者に例えれば単純骨折を整形外科的に手術で完治させるだけでなく、その傷痕を美容整形によって完全に違和感なくするアフターケアまでがその職掌であると考える。

　3．接着・補填・整形

　青銅器の接着には材質に近い質感を持った合成樹脂などを用いることが好ましい。高透明樹脂にブロンズパウダーや緑青などの天然顔料を混入し色調を調整し接着剤として用いる。補填にも合成樹脂などに天然顔料を混入するなどした補填剤を用いて実施するが、資料的価値の高い物への稚拙な補填は逆に資料の観賞価値を下げるものとなることを鑑みて充分に検討してから作業を実施すべきである。

　4．着色・仕上

　補填個所の着色の基本的な素材、技法は資料の質感に左右される。特に、青銅器に関して共色直しを実施する場合、緑青の吹き具合や色調に関して入念な観察を行なってから機器、技法を選択し、徐々に彩色を施してゆく。着色素材は、共色直しであれば各種樹脂に天然顔料を混和して用い、塗り重ねて微妙な色彩の変化を同調させていくことが重要である。

6　木製品の保存処理

出土水浸木材

　保存科学的処置を必要とする埋蔵文化財を代表するものとして出土水浸木材があげられる。わが国では、北欧などのように大型の木造船がほぼ原形を留めて海から引き揚げられたりすることはないが、泥炭や低湿地の遺跡からは各時代にわたる比較的多くの水浸木材や水浸木製品が検出される。中には大阪府立近つ飛鳥博物館に収蔵されている仁徳天皇陵出土の最大長8.8m、重量3.2tのアカガシの二股部分を利用して造られた「修羅」などのように大型の水浸木製品も検出されるようになり、処理技術と施設の充実がなされてきた。

叩き棒（神奈川県下曽我遺跡出土）（國學院大學考古学資料館蔵）
下曽我遺跡から検出された平安時代の多量の木製品の大半は長年の水浸によって形が変形したり後の乾燥によって亀裂が入ったものが多いが、この叩き棒のように堅木の目の詰まった芯材を素材としたものなどは、保存処理が施されていなくとも昨今の民俗資料と見紛うほどのコンディションを保持している。

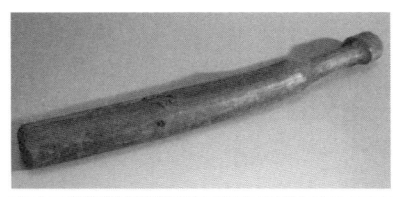

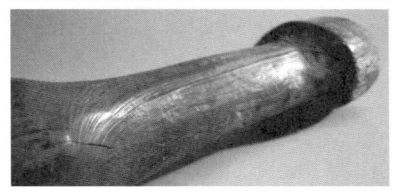

　処理技術の主流をなしてきた水溶性のポリエチレングリコール（P.E.G.-4000）を用いるPEG含浸法やアルコールエーテル樹脂法、真空凍結乾燥法、高級アルコール法、シリコーン樹脂法などが知られる。近年では今津節生[1]らによって技術導入された糖類であるマンニトールやショ糖を用いた保存処理法が注目を集めている。マンニトールは分子構造が小さく水に対する溶解度が極めてよいため木質部への浸透性に優れている。しかも酸化せず、酸やアルカリに対する耐性に優れ、処理後の色調の変化も少ないことから注目されている薬品である。いずれの方法を採用するにしても処理対象資料のコンディションを見極め、処理後の色調や質感の変化、変形などの不都合が生じないように充分な配慮が必要である。処理した資料の保存環境であるが、P.E.Gなど特に水溶性の薬品は、高湿状態では溶出するため保存条件としては高温、高湿を極力避け相対湿度60％、室温20℃程度の環境設定が望ましい。

　註
（1）今津節生　2004「糖アルコールを使った水浸出土木製品の保存―安全で経済的、環境に優しい保存法―」『月刊文化財』4、文化庁文化財部監修、第一法規株式会社ほか

7 遺跡から検出された漆製品の処理

　木地の堅牢な伝世漆器の修復は、現代の伝統的漆工技術で充分事足りるが、遺跡から検出される漆製品ほど始末に悪い資料はない。水浸資料などは木地に水分を含んでいるため出土水浸木材と同じく、P.E.G処理などを実施しても多くの場合、乾燥段階で歪みを生じ塗膜に亀裂が入ってしまう。また、堅牢な漆塗膜はそのままの状態を保ち、木地の木質部は完全に腐蝕してしまってまさに空ろになってしまった資料などの保存はそのままの状態で硬化させる以外、これといった方法はなかった。このような事例に対処すべく筆者は、型取り模造の技術を用いて漆塗膜を保存する方法を用いている。

【事例：中世礫槨墓出土副葬品の保存処理　福井県武生市家久遺跡】
経緯と経過

　家久遺跡は、福井県武生市家久町地係に所在する。地形的には、吉野瀬川左岸に形成された自然堤防上に立地する周知の遺跡であり、付近には、対岸の烏帽子形遺跡をはじめ、西部の芝原古墳群（飯部盤座神社）、北部の船岡山古墳群などが分布している。

　平成4年（1992）7月から実施された同市教育委員会による発掘調査によって家久町地係一帯には律令期から中世にかけての大規模な集落跡であることが判明し、掘立柱建物址・井戸・溝・多数の土壙・ピットなどの遺構と共に中世に帰属する礫槨墓が検出された。

　礫槨墓は最大長3.6mを測り、床面には礫を敷き詰め、側壁も礫を積み上げた構造を示すもので、該期の埋葬施設としては極めて稀少性を有するものであることから、移築の実施を決定した。平成4年10月末日、福井県埋蔵文化財調査センター赤澤徳明氏より相談を受け、直ちに武生市教育委員会文化振興課主事小淵忠司氏（現岐阜県教育委員会）との打合せを行ない、平成4年11月大学の休みを利用し、礫槨墓の移築を実施することになった。移築に際しては、地元関係諸氏の他に、大学の先輩でもある（有）五岳の高木厚史氏にお願いし、各種材料の調達及び現場での技術的な協力を得ることができた。移築は11月という寒冷期にも関らず薬品の反応も良好で無事期間内に完了することができた。

副葬品の保存処理とレプリカ、計測模造資料の製作

　主体部内には実に様々な副葬品があり、墓の特殊性と相矣って極めて貴重な遺物群であることから保存処理にも細心の注意を払い実施した。特に、漆製品についての処理は確固たる方法も開発されておらず、さらに大半は木質部が腐食し、漆塗膜一枚でつながっているような状況であるため困難を極めたものである。検出された副葬品は太刀・短刀・文箱・化粧箱・和鏡・金銅製水滴・硯・墨・毛抜・握り鋏・烏帽子・白磁四耳壺などが主たるものである。これらの遺物の保存処理過程について順次記しておく。

処理過程

　太刀

（1）X線写真撮影

　処理前に刀身部の残存状況と刀装具の有無を確認する意味で実施。

（2）出土状況のレプリカ製作

　移築した礫槨墓に検出状況を再現する意味で取り付けるため作製したもので、検出状況をできる限り正確に復元することにつとめた。レプリカの製作は、付着している土や汚れをある程度除去した後、シリコーンゴムを塗布し、雌型を製作した。充填した樹脂はポリエステル系樹脂を用い、着色はアクリルペイントを使用。

（3）鞘の保存処理

　現状で土等を徐々に除去していく段階で、黒漆の若干残存した鞘の一部を検出したためコンプレッサーを用い入念に全体をクリーニングした。黒漆の残存は切先の一部と身中央部、柄上部に少ししか認められなかったが、木質部は残り具合の差こそあれ、太刀全体に観察された。しかし、木質部はほとんど腐食しており、サラサラしたセルロースの黄褐色粒子が、かろうじて凝固した状況を呈していたため、型取りによって鞘の形状を記録した。型取りは、シリコーンゴムによって行ない、型自体に漆塗膜を密着させ樹脂を裏打ちし、塗膜を保存することに心がけた。型取り後、木質部は一部保存できたが土混じりの脆弱な粒子と化しているため、大半は粉砕した。

（4）刀身部の保存処理

　X線写真によってかなり腐食の進んだ状況は、事前に確認していたため細

心の注意をもって刀身を取り上げ、脱塩処理、エアーブラシによる赤錆の除去、樹脂（MV-1）による含浸処理を実施した。処理後、接合部および欠損部はポリエステル系樹脂によって補填し、着色は水溶性アクリルペイントを使用した。
（5）鍔の保存処理
　鍔は刀身部と一体化しているため、刀身部と同時に処理を実施した。鍔の表裏は黒漆を施しているため、表面は樹脂によるコーティング処理を行なった。
　小刀
（1）X線写真撮影
（2）出土状況のレプリカ製作
　基本的な作業は太刀と同様で、検出状況を再現する目的で、レプリカによって復元したものである。
（3）鞘の保存処理
　鞘は比較的よく残存しており、表面は黒漆塗りにより精巧な細工が観察される。しかし太刀と同様、木質部の腐食は進んでおり、しかも身と一体化していることからこれらを分離して保存処理は行なえないため、シリコーンゴムを用いた型取りによる塗膜表面の保存処理を実施した。即ち、鞘表面の細工を現状のまま保存することに重点をおいた処置である。小刀は2個体分であるが、鞘自体は1個体しか残存していなかった。
（4）刀身部の保存処理
　処理前のX線撮影によって小刀は、2個体重なっていることが判明していたため極めて腐食の進んだ状況のなかで、それぞれを分離し保存処理を行なった。処理工程は太刀と同様の手順を踏んだが、太刀よりも腐食が進んでいたため樹脂含浸は入念に行なった。含浸処理終了後、欠損部を樹脂によって補填し、全体の形状を復元した。
　化粧箱
（1）X線写真撮影
（2）箱表面の型取りおよび漆塗膜の保存
　検出状況のレプリカによる復元と箱表面の漆塗膜の保存を目的とするもの

である。まず表面全体をコンプレッサーによって洗浄し、漆塗膜にこびりついた微細な粘土の粒子を除去した後、乾燥させ型取りを実施した。本来ならば表面には印象材と対象とする資料の接着を防ぐ意味で剥離剤を表面に塗布するのであるが、太刀・小刀同様、漆塗膜を剥ぎ取り表面の状況を現状保存する目的から剥離剤は用いなかった。

　印象剤はシリコーンゴムを用い、裏打ちおよび充填にはポリエステル系樹脂を使用した。表面を剥ぎ取った時点で箱の蓋および側面には木質部が全く観察されず、箱は漆塗膜だけによって形状を保持していることが判明したのである。

（3）毛抜き・握り鋏の保存処理

　X線によって箱内部には毛抜き・握り鋏・和鏡が納入されていることが判明したが、それらがどのような状況にあるのか箱を解体するまで判然としなかったため慎重に上面の漆膜を除去した。

　毛抜き・握り鋏は、箱上段に置かれており一枚仕切りを隔てて、その下に板材をくり抜いた落としに収まった和鏡が収められていた。

　毛抜き・握り鋏は形状をとどめないほど腐食が進んでおり、エアーブラシによる錆の除去は資料そのものを消滅させるおそれがあるので、ある程度形状を保持している段階で止め、樹脂含浸によって強化を図った。欠損部分の補填は、ポリエステル系樹脂を用いた。

化粧箱表面の漆塗膜の保存（処理前（左）と処理後）
型取りによって表面を剥ぎ取り、樹脂によって裏打ちした。

化粧箱の保存

表面処理をした後、木製の落しに入った状態（左）を再現すべくレプリカ（中）を製作し、さらに推定復元によって旧状を再現した。化粧箱に収められていた和鏡・鋏・毛抜（下）。

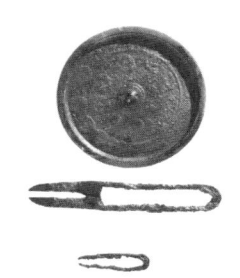

（4）和鏡の保存処理

　和鏡は、薄い板材の落としに納まっており、鋳成は悪いものの保存状況は比較的良好で著しい腐食等は認められなかった。表面は緑青と赤錆が付着しており、これらの部分的除去とエアーブラシと角箆を併用し全体のクリーニングを行なった。ブロンズ病の発症は認められなかった。

（5）木製落としの保存処理

　箱のなかで唯一遺存していた木質部であるが、保存状況は良好であった。P.E.G.50％溶液に浸し、徐々に濃度を上げて含浸処理を実施した。

（6）化粧箱の保存処理

　箱は漆膜によってのみ形を保持しているため、全体の形崩れを抑える目的で漆塗膜の隙間を樹脂で補填し補強した。表面のよごれはコンプレッサーによって水を吹付け洗浄をくりかえし、特に劣化の著しい部位は表面を透明漆によってコーティング処理を施した。

（7）化粧箱検出状況のレプリカ、計測模造による復元

　博物館展示資料として検出状況下における箱の復元を行なった。箱はポリエステル系樹脂を素材とした計測模造によって復元し、和鏡はシリコーンゴ

ムによるレプリカ製作を実施した。
(8) 計測模造による化粧箱の製作
　化粧箱の元の形状を復元するものである。処理途上において箱の構造を記録、旧状の推定実測図を作製し、これにもとづいて計測模造を実施した。漆は本漆を使用。
　文箱
(1) X線写真撮影
(2) 金銅製水滴の保存処理
　検出時点では、劣化が進んでいるものと思われたが、ブロンズ病の病変部も認められず比較的保存状態は良好であった。
　金銅製品の保存処理は、近年、蟻酸等による科学的処置が実施されているが、錆が進んで脆弱な資料本体への影響を考慮し、物理的方法によって表面の錆を除去し、慎重に渡金面を表出した。工具としては細部等、部分的にエアーブラシを使用し、基本的には鹿角製の繊細な篦を用いて汚れを除去した。若干の欠損部はポリエステル系樹脂を補填した。
(3) 硯の保存処理
　硯は、粘板岩製の堅牢な素材を用いているため、石材自体には著しい劣化は認められなかった。しかし、硯の縁と側面上部には黒漆を塗布しており、それらが乾燥するにつれて剥落するといった状況であった。漆膜の剥落は黒漆によって固定し、剥落してしまった部位も黒漆によって補填した。

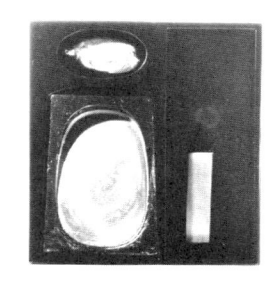

文箱の保存
文箱に収められていた状態（左）を硯・銅製水滴・唐墨・筆のレプリカを個別に作って検出状態を再現（中）し、推定復元によって旧状を再現（右）

（4） 墨の保存処理

　墨の2cm角程度の小さなものが残存しており、ほとんどペースト状を呈していたため、濃度の薄いP.E.G.溶液による含浸処理を実施した。

（5） 筆の保存処理

　筆は残存率が10％以下で、しかも炭化しており非常に脆弱な状態であったため慎重に取り上げた後、P.E.G.溶液による含浸処理を実施した。欠損部についてはポリエステル系樹脂によって補塡した。

（6） 文箱の保存処理

　化粧箱と同様に文箱も漆塗膜のみによって形状を保っているため、検出時の形をそのままに保存処理を実施するのは極めて困難であった。漆塗膜の間に詰まっている粘土や汚れをコンプレッサーによって水を吹き付け除去すると、たちまち崩れ落ちるといった状況であった。

　したがって、文箱に関しては漆塗膜を原位置で剥ぎ取り、それを乾燥後アクリル樹脂によって形作った箱に貼り付ける方法を採用した（単に漆塗膜を保存）。

　金銅製水滴の収まっている部位は幸いにも木質部が残存しており、この箇所に関してはP.E.G.による含浸処理を実施した。

（7） 文箱検出状況のレプリカ・計測構造による復元

　化粧箱と同様に検出時における臨場感を再現し、博物館展示に活用する目的で製作するものである。

　収納されていた金銅製水滴・和硯については資料への影響を考慮してコピックによる型取り模造を実施し、墨・筆・文箱に関してはポリエステル系樹脂による計測模造を実施した。全体の仕上がりは、遺跡の状況を反映させ、湿気を帯びた光沢を復元している。

（8） 計測模造による文箱の製作

　化粧箱と同様、処理過程におけるデータをもとに推定復元実測図を作製し、本漆を用いて計測模造を行なった。

型取り法による漆塗膜面の保存

　漆は酸・アルカリに強く非常に堅牢かつ安定した物質であることはあえて言うまでもないが、遺跡から出土する漆製品の保存処理ほど頭を悩ませるも

のはない。木地と漆塗膜の素材の差により収縮率の差が処理を困難にしていることは明白であるものの、現状では、どのようなケースにおいても安定した保存処理を実施する技術は未だ開発途上にある。

　今回の場合は、漆塗装を施した文箱、化粧箱の2点共に木質部は腐朽し、漆膜面だけが幾重にも重なって遺存しているもので非常に不安定な状況を呈していた。したがって処理方法としては、余分な土や汚れを除去した後、透明樹脂によって全体を固定してしまう方法を考えたが、文箱の場合、洗浄段階で膜面が分離し全形の保持は不可能な状態となってしまったため、この方法は採用せず、膜面を一枚ずつ剥離し、洗浄・乾燥後、透明アクリル板によって形造った箱に貼り込んで保存する方法をとった化粧箱については、蓋部上面が比較的安定しており、全体を固め取ることも可能であったが、内容物を考慮した場合、樹脂の含浸は危険であると判断し、表面の漆膜面のみを分離し外形を保ちつつ膜面を保全するかたちを取った。

　作業工程─①表面の洗浄・乾燥、②印象剤（シリコーンゴム）の塗布、③剥離・反転、④樹脂（ポリエステル系）による裏打ち、⑤型抜き・微調整・完成

　以上の方法で保存処理を実施した漆製品は外見上、検出した時点と寸分違わぬ状態で、しかも膜面自体の劣化（罅割れ・収縮等）の進行がなく、将来にわたって形状を半永久的に保持することが適った。

レプリカ・計測模造による検出状況の復元

　レプリカそのものを展示資料として活用することは、一面では非常に有益なことであるが、提供する側に明確な目的意識がなく、安易に多用すると、観覧者に混乱を与え兼ねない事態を引き起こす。反面、二次資料としての価値からすれば写真や映像・実測図といったものとは比較にならないほど、展示効果に有効性を見出せるのがレプリカである。通常、個々の資料について単体で製作され、活用される場合が多く、一次資料の保存や比較展示資料としてレプリカを用いるのが一般的な活用法である。今回検出された特に文箱、化粧箱は漆塗膜でかろうじて外形を保った状況を呈しており、保存処理を施し漆塗膜を保存すれば外形は崩れ、箱の形を保持した現状展示資料として活用することは極めて困難であると判断したため、レプリカと計測模造を

第4章　考古資料の保存と修復

組み合せた方法で検出状況の再現を試みたものである。
　文箱は特に劣化が著しく、金銅製水滴の入れ子の部位以外に木質部の残存が認められず、漆膜の間に入り込んだ土によってのみ外形を保持したかたちであった。工程的には、まず比較的残りの良好な木質部をコピックによって形取りした後、ポリエステル系樹脂を充填し、形成、着色を行ない、内容品である硯・水滴についても同様の方法でレプリカを製作した。これら以外の漆塗膜や筆・墨といったものは極めて脆弱で、型取りは到底行なえないため、ポリエステル系樹脂による計測模造によって全形を製作し、レプリカと組み合せ、全体の調子を整えるといった方法を用いた。前述したようにこの段階で現状を模した資料を製作した最大の目的は、全体を保存処理する段階で大変脆い外形が崩れることを危惧したためであるが、技術的には容易に実行できるものではなかった。非常に薄い漆膜面の復元や全体の質感調整など比較的手間のかかる作業をくり返し行なう必要があった。
　製作に際して特に留意した点は、将来における展示を強く意識し、現状下における色彩や質感を度外視し、あくまで遺跡から出土した状況を復元することにあった。特に、湿り気の多い水田からの出土を強調すべく、全体の色調を濡れた感じに仕上げ、凹部にも水を表現した透明樹脂を置くことによって出土状況の雰囲気を出すことができた。
　化粧箱は文箱の上に重なるように検出されており、外圧によって潰れ蓋状を呈していたため、当初は一つの箱を想定していたのであるが、処理が進むにつれて二つの異なる形状を呈した箱が重ねられていることが判明した。文箱も同様で、漆膜一枚で全体の形を保っていることには変りなかったが、最上部の膜面は比較的堅牢で内容物についても確認できていなかったため、処理前段階においてX線写真撮影を実施し、和鏡の他に鋏と毛抜きが納められていることが判明したのである。
　作業工程としては、まず、蓋部のシリコーンによる形取りを行ない、表面の漆膜面を剥ぎ取り、樹脂による裏打ちを実施することによって処理前の現状を全く違和感なく保存することができた。処理が進むにつれ和鏡を収納した内部の状況が明らかとなったため、文箱と同様、保存処理の状況を鑑み現状における検出状況の再現を行なったものである。底面と側面はポリエステ

ル樹脂による計測模造によってかたち造り、和鏡および和鏡の収まっていた木製の落とし板はレプリカを製作し、両者を組み合せ全体を造形する方法を用いた。

計測模造による復元

　土中より検出される考古資料の多くは、長い経年変化によって変形、変色、腐食といった劣化をきたしており、物によっては元の形と大きくかけ離れた状態を呈したものも認められる。このような遺物を展示資料として活用する場合、保存処理を実施した一次資料とそれらの製作・使用段階における元の状態を対比させることは有効的な展示効果が期待できる。近年では、奈良県藤ノ木古墳出土の金銅製品をはじめとした副葬品の原状復元がなされ、古墳時代の技術が具体的なかたちとして再現されている。

　今回検出された文箱・化粧箱は再三述べているように保存状況が極めて悪く、レプリカ・計測模造による検出時点での復元を試みたが、それらの元の形状を忠実に復元することも今後の教育活動に必要欠くべからざるものと考え、実資料の保存処理過程で得られたデータをもとに、推定実測図を製作し、本漆塗りによる計測模造資料の製作を実施したものである。文箱・化粧箱に収納されていた文房具・化粧道具類に関しては、それぞれレプリカを製作し、元のかたちを再現することにした。原状とは、文房具や化粧道具が使われていた当時そのものの状態に復元することを目的としたもので、和鏡は錆化する前の元のかたちに、金銅製水滴は金銅が光彩を放っている状況に復し、往時のかたちを臨情感溢れる復元によって、より興味をそそる展示効果を狙ったものである。

　特に今回取り扱った漆製品は、劣化が著しく、展示資料としての活用に限界があったため、現状保存した資料のみならず、原状を再現することによって、工芸品としての価値を観覧者に再評価させる意図を含んでいる。元来の漆工芸の美観や堅牢性を展示によって理解させるためには、有効な手段である。

文献

内川隆志 1993「中世礫槨墓の移築、副葬品の保存処理とその活用—福井県武生

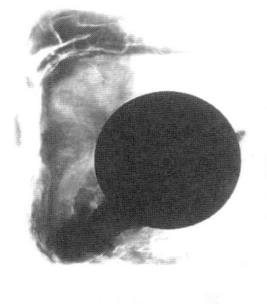

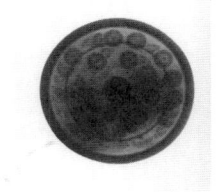

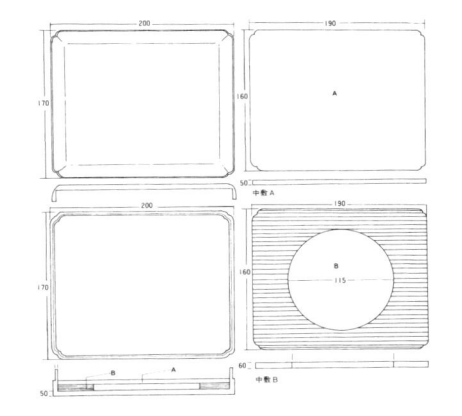

化粧箱の推定復元実測図と化粧箱のX線写真
(撮影:永嶋正春国立歴史民俗博物館教授)
箱の細部等を充分に分析し推定実測図をおこし、木曽漆器職人に本漆を用いた復元製作を依頼した。

市家久遺跡─」『國學院大學博物館学紀要』第18輯、國學院大學博物館学研究室

【事例:松戸市馬屋敷遺跡第3号地下式坑出土の小札類の保存処理】

平成12年(2000)春松戸市教育委員会の大森隆志氏、加納哲哉氏から小金城関連の馬屋敷遺跡から出土した革札を主体とした小札の保存処理について問合せを頂戴した。処理の困難さを想定しつつも何とか研究と活用を可能にする保存処理ができないものかという思いにかられた。実際その重要性をもっとも理解していたのは大森氏と加納氏であり、貴重な学術資料を何とかしたいという熱意が伝わってきた。そして、実際に整理室での保存状況を観察した段階で、見た目上は比較的厚い漆塗膜を有する資料やある程度かたちを残せそうなまとまりのある部分が観察されたため、技術的なところは暗中模索ではあったが、取りあえず引き受けることにした。

処理の目的と方法

出土漆製品の修復に関しては遺存状況が千差万別であり、特に確固たる方法は確立されておらず、現状では浸水出土木材の保存処理方法であるP.E.G.含浸法による処理などが試みられている[1]。しかし、不浸水物質である漆に直接樹脂を含浸できるわけではなく、あくまでも木地である木胎部の含浸

処理によって乾燥による歪みをなくし漆塗膜に入る亀裂を押さえようとするものであるため、木胎部の微妙な収縮によっても塗膜に亀裂が入ってしまう。水分とP.E.G.の厳密な置換がこの保存処理を成功させる鍵となっている。かつて、漆塗膜のみ残存している資料についてシリコーンゴムによる型取りによる方法[2]も考えられたが、今回の資料については劣化が著しいことと塗膜が薄く型取りが困難であるという理由から型取法による処置は不可能と判断し、新たな処理方法によって対処した。

　馬屋敷遺跡で検出された小札類は、甲に用いられる小札のなかでも特に革札といわれる牛革に漆を塗布した出土資料の処理であるため、革は腐食し漆の塗膜のみが札の形状を留めているものであった。漆膜によってかろうじて残存する革札の形状をいかに残すかが問題である。処理は漆膜の乾燥による劣化を止め、処理後は形状を保持し、甲冑研究者が手に取って観察することが可能で、さらには一般への公開に耐えるものであることが求められる。脆弱ゆえに形状を保持することが困難である革札の表面を覆っている漆塗膜をいかに現状のままに残すかという難解な課題を突き付けられたわけである。鉄札に比べこのような革札の出土資料は、保存の困難さから残し難いものであるが故に研究対象となることすらほとんどなかったのが現状である。

小札の遺存状況

　小金城3号地下式坑から検出された小札類は、検出時点では比較的まとまりのある状況を呈していたが、鎧一両分といった多量出土ではなく小札の断片が小規模にまとまっているものであった。その事実関係と資料評価については報告書[3]を参照されたい。写真撮影による現状記録の後、検出状態そのままに取り上げられ、保存収納された数年に及ぶ時間的経過のなかで徐々に乾燥し、漆塗膜に顕著なひび割れや反りが発生した。取りあげられた小札は、革札が大半であるため形状は保持された状況であっても皮革組織はすでに腐食しているため漆塗膜のみ残存しているものである。このような状況から処理はまさに、生まれたての赤子を扱うがごとき繊細さが要求されるものであった。

　第一段階として現状を視認した段階で、視覚的にはすでに動かすことすら危ぶまれる状況であったため、直に漆塗膜表面の保護を目的とした加湿を試

第 4 章　考古資料の保存と修復

小札の検出状況（提供：松戸市教育委員会）第 3 号地下式土坑の底面に貼り付くような状況で検出されている。遺存状況は悪い。

み現状維持につとめたが、実際処理作業に入った段階で劣化の度合いは想像していたよりも進行しており、樹脂による処理の前段階では、できるかぎり形状を保持した状況で個々の破片を取り上げる作業に徹したのである。

保存処理工程

鉄札の処理

　鉄札は、いずれも遺存状況は比較的良好であったが、中には表面に焼き付けられた漆塗膜が残存している資料もあり、遺存状況は一様ではなかった。いずれにしても酸化によって錆が全面に付着しているため縅穴はすべて塞がっており、リューターによる錆の物理的除去作業から入ることとした。特に漆の施されていない資料については、錆の除去後、樹脂含浸を施す通常の鉄器処理工程を経た。漆の残存する資料については、表面をコンプレッサーによって圧縮した水を噴霧し洗浄後脱塩し、漆塗膜が剥がれ落ちている部分については可能な限り物理的に錆を除去した後、シアノ系接着剤であるアルファシアノアクリレート系モノマー（商品名アロンアルファー、東亜合成株式会社。以下アロンアルファーと表記する）を含浸し、本体と漆塗膜を固定し強化した。

　アロンアルファーは、周知のように接着物の表面に付いている微量の水分で固化（重合）し、強力な接着力を有する。今回の処理で用いたものは、無臭で作業がしやすく接着後の白化現象がない工業用 800 番台を用いている。

通常、接着面に水分が多いとモノマーの一部が固化せず空気中に蒸発し、接着箇所の回りで重合反応を起こし、細かい粉末になり付着することが起こる。これを白化現象といい、樹脂自体に特に何ら影響はないが美観上好ましくない。今回の処理は、800番台の適性ゆえ、白化が押さえられ美観を保持することができた。

　革札の処理

　前述したように革札は、乾燥による劣化が著しく、極めて脆弱な状況にあったため取り扱いには細心の注意を要した。取り上げの注意点としては、比較的まとまりのあるものについては可能なかぎり崩さないように、さらに残片化している資料についてもそれ以上崩壊しないよう注意し、入念に抽出した。砕片となった漆塗膜片はウオーターセパレイションにかけ一つ残らず取り上げた後、超音波洗浄器によってクリーニングした。砕片については樹脂含浸を行なっていない。

　基本的に取り上げた資料については、すべて表裏の漆塗膜の汚れを面相筆を水に浸し徐々に洗浄し、どうしても除去できない汚れについてはエチルアルコールを用いて入念に取り除いた。洗浄中に亀裂や浮上りの認められたものについては、ごく微量のアロンアルファーによって固定しながら形状を保持した。次の段階では、塗膜を固定し形状を保持する目的から革の腐食によって空洞化し土の充填した塗膜の内側に、過剰な水分による白化現象のない工業用800番台のアロンアルファーを染込ませて全体の形状を固定した。含浸させるタイミングは、洗浄によって濡れた状態から完全に乾燥し、反りなどが発生しない段階において実施する。そのタイミングは、革札個々の大きさや形状によって異なるため一概にはいえない。いずれにしても、アロンアルファーは、微量水分によって化学反応を起こし硬化する樹脂であるという特性から、多少多めに水分が残っていても硬化にはさほど支障がない。

計測模造による革札の復元

　今回処理した革札のような有機物の出土資料は、伝世品と異なり長年の土に埋れて腐食し、劣化著しいことはいうまでもない。処理を実施したとしても本来の正確な形状や質感は失われているのである。そこで、残片的ながらも残された情報から、革札本来の形状を推定、伊藤博司氏に依頼し復元図を

第4章　考古資料の保存と修復

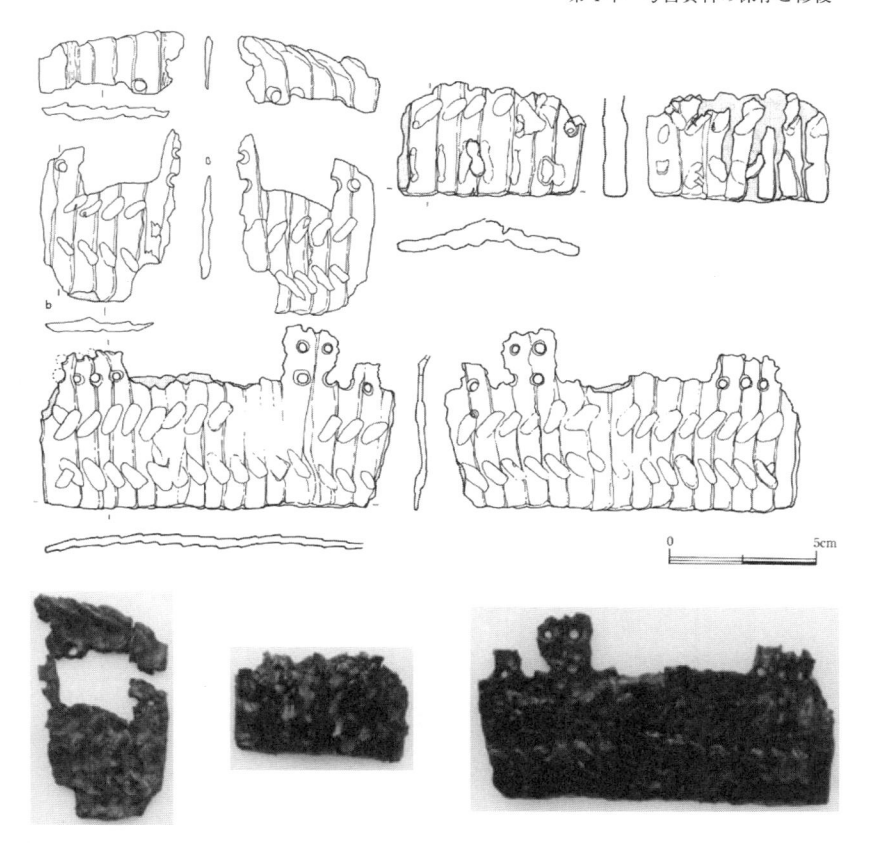

実測図と処理後の革札
札板に塗布された漆部のみが遺存するが、数点の小札が連なり、札尻を中心に原形を留めているものもある。遺存する漆塗膜を内側から裏打ちすることによって表裏面の実測を可能にした。(作図：伊藤博司氏)

制作、革札を復元することにした。計測模造による製作の目的は、博物館展示資料として活用し、観覧者に革札というものの理解を促すことにある。

製作工程は、素材（牛革）の入手から困難を極めた。通常牛革は素材売り場などでは鞣された状態で売られており、生革を乾燥させたものを個人で入手することは、極めて困難である。そこでネット上でホームページを有している和太鼓製作会社や皮革工芸の会社などに問いあわせて、革札の計測模造に適した牛革を入手した。これを推定実測図に合わせて短冊状に裁断し、本

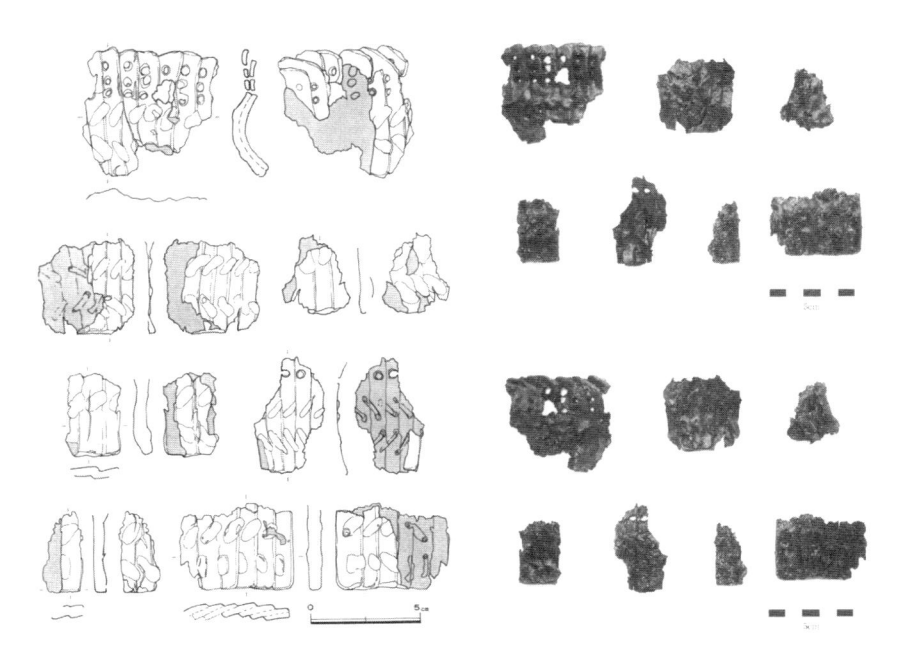

実測図と処理後の革札（作図：伊藤博司氏）

　小札の形に整え、リューターによって縅穴を穿孔、表面を鑢によって整え、表裏の耳札についても同様の工程で製作した。さらに黒漆を塗布した後、順次ずらして重ね、小札に穿った下縅穴を用いて上下2段に綴革を通し、順次縅み連ねて形成した。

　以上、小金城3号地下式坑から出土した小札類の保存処理について述べてきた。まがりなりにも当初目指していた処理を実践できたものと多少の充実感を得た。処理にあたっては普段取り扱うことの少ない資料であるが故に、多くの方々に助言を戴いた。特に赤糸威大鎧（東京都青梅市御嶽神社）を有することから甲冑に造詣の深い伊藤博司氏には、お忙しい仕事の傍ら多くのお手を煩らわせた。甲冑の年代観や細部の鑑定については社団法人日本甲冑武具保存研究会理事の竹村雅夫氏のご教示を得、復原計測模造に用いた牛革の一部については手久野太鼓有限会社代表取締役柿崎伸明氏のご好意を得た。

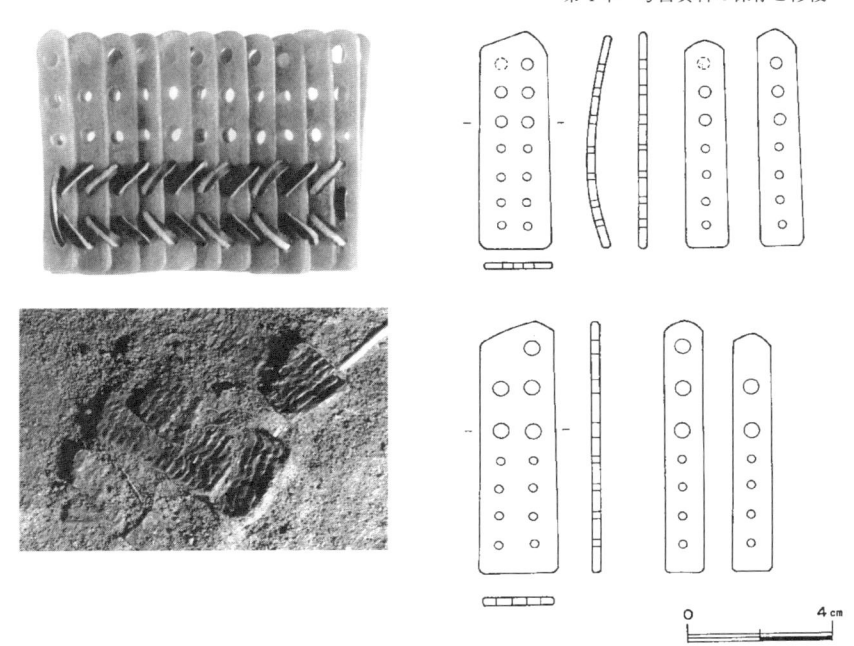

革札の復元と検出状況のレプリカ
耳札を含めた革札の推定復元図から実物の牛革を加工して紐の織みを復元した（左上）。
検出状況のレプリカ（左下）は写真から復元。

註
（1） 山城直美・上條朝宏・門倉武夫 1997「PEG含浸法による出土漆製品の保存処理に関する研究」『東京都埋蔵文化財センター研究論集XVI』ほか
（2） 内川隆志 1993「中世礫槨墓の移築、副葬品の保存処理とその活用―福井県武生市家久遺跡―」『國學院大學博物館学紀要』第18輯、國學院大學博物館学研究室
（3） 松戸市遺跡調査会 2002『馬屋敷―馬屋敷遺跡の調査研究―』松戸市遺跡調査会

8　石製品の保存と修復

　石造文化財と一口にいっても多種多様である。樋口清治氏は、石造文化財の劣化を、（1）物理的風化、（2）化学的風化、（3）生物による風化の3項目に分類し、具体的に提示している[1]。物理的風化とは（A）温度変化

による劣化：石は熱伝導率が低いため、日中の直射熱等の影響によって表面と内部との収縮率に差が生じ、クラック発生の原因となる。（B）石は、異種鉱物の集合体で、それぞれの鉱物が異なった比熱と膨張係数をもち、比熱と膨張係数も自ら異なるため、歪み・亀裂・粒状崩壊の原因となる。（C）湿潤・乾燥・凍結・融解・霜・塩類の結晶化があげられ、これらの他に外部からの物理的衝撃による崩壊等も考えられる。化学的風化とは、排煙などに含まれる硫黄酸化物が大気中の水分と反応し亜硫酸に変化し、酸性雨をもたらし劣化をきたすものである。イタリアやギリシア等地中海沿岸の都市部では、古代の大理石の彫刻などが酸性雨によって融解し深刻な状況にあるという。また、水分自体も石材を構成する鉱物に影響を与え、加水分解作用を起こして石を粘土化するなどの劣化を促す原因となる。生物学的風化には、石材のわずかな隙間に木根が入り込み、長い年月をかけて破損に至らしめたり、石材の表面に繁殖した苔・シダ・菌類などの地衣類によって引き起こされる場合もある。地衣類は、生物代謝によって地衣酸と呼ばれる有機酸を出して化学的風化を促進するといわれる。相反して、物理的風化や化学的風化によって劣化した石材の表面を地衣類が覆って石材を保護している場合や石塔などが苔むして優雅な趣を演出するなど、地衣類を一蹴するわけにもいかない。石材の大きさ、現状等の違いによって対処の方法は異なることはいうまでもない。例えば、磨崖仏等に保存処置を実施する場合、不動産であるため現地から運搬することができず、その場において処理する以外方法はないのである。したがって室内において保存処理する場合と違って屋外環境の影響を強く受けるため、その処理効果にも差が生じてくることは否めない。このことは石造文化財の保存修復が一様の方法だけで対処し得るものでなく、それぞれの状況に見合った処理方法を臨機応変に対応させる必要があることを示している。

　一般に石の接合には、強度の点から接着剤としてエポキシ系樹脂を用いることが多い。状況に応じて、アクリル系樹脂、ポリエステル系樹脂、アルファシアノアクリレート系樹脂などを用いる場合もある。エポキシ系樹脂にもざまざまな種類があり、硬化時間も5分から24時間と幅広く大形の石材どうしを接着する場合には、ステンレス等の金属を芯にして接合するなどの機

械的措置がとられる。脆弱化した石材を強化する方法としては、合成樹脂を用いた含浸処理を行なう。前述したとおり遺存状況、石材の違いによる浸透性の差などを充分考慮したうえで樹脂を吟味し実施する必要がある。含浸処理に用いる樹脂には、メチルトリエトキシシランに代表されるエポキシ系樹脂・エチルシリケート系のバインダー AC-1・HAS-1・SS-101・バインダー18（共に日本コルコート社）・シリコーン樹脂等を用いるが、浸透性・固定強化力・耐久性から変形エチルシリケート系バインダー SS-101 が適している。特に、石に対する浸透性に優れており、石材の深部まで行きわたるため、より強固に含浸することができる。SS-101 は、加水分解物のトルエン溶液で、触媒を 7 ～ 8 ％加えると約 24 時間で無水珪酸となり、これが石の粒子と結びついて脆弱になった石材を強化するという原理である。西浦忠輝氏は、さまざまな樹脂を用いて防水効果・劣化石の固定等詳細にわたる実験をされており、その実験結果からも SS-101 が含浸強化剤として優れている点を強調されている[2]。ただ、処理後の色調がオリジナルの状態に比べて若干変色するという難はある。

　アルファシアノアクリレート系樹脂は、強度と質感に優れることからタルクを混入しペースト状に練り上げ、翡翠や大理石など硬質石材の欠損部分を補塡する素材として有効である。原液は破損してしまった黒曜石などの接着剤として用いる。

註
（1）樋口清治 1977「石造文化財の保存と修理」『月刊文化財』2月号
（2）西浦忠輝 1977「石造文化財の修復処理に関する研究（Ⅰ）樹脂強化処理の耐久性」『保存科学』16号

【事例：江戸川区河原渡場道庚申石造道標の保存修復】

江戸川区の石造道標

　近世の主要往還のひとつに水戸佐倉道がある。江戸日本橋から千住をへて新宿（葛飾区）に至り、ここで金町、松戸から水戸へむかう水戸街道と、小岩、市川をへて佐倉へむかう佐倉道に分かれていた。水戸佐倉道はこの総称である。いずれも江戸と常総を結ぶ要路で、金町に金町松戸関所、小岩に小

岩市川関所が置かれていた。常総大名の参勤交代路であり、水運を補足する物資輸送路でもあった。宿場の整備のすすんだ江戸時代中期以降は、成田山参詣のひとつとしても賑わいをみせていたようである。

　幕府は、江戸防衛上の理由をもって江戸川への架橋を許さず、すべて渡し船によって通行させた。主要往還の渡河地点には関所があり、その他の渡船場も限定されていたことから、庶民の江戸川渡河はきわめて不便なものであった。江戸川をはさむ武総間の交通がさかんになるにしたがい、渡しの存在意義も高まっていったのである。下総国河原村（市川市）は、江戸川最下流部左岸に位置し、房総通路の入口のひとつである。ここから北上して佐倉道に合流する、中山、成田山参詣路のひとつでもあった。江戸川の対岸下篠崎村（江戸川区）に、この河原村へ渡る河原の渡しがあった。『新編武蔵風土記稿』下篠崎村の項に、「江戸川、村の東を流る、幅百間許、渡船場あり、河原渡しと云、川の向は下総国河原村なればかく唱へつ」とあるのがこれである。寛永8年（1631）の「利根川渡越之儀ニ付書上候控写」（『葛西志』）には「上下篠崎村船渡」とみえており、その起源は江戸時代以前にもとめられる可能性が高い。

　江戸川区内には、この河原の渡しへ至る道筋がいくつかあって、それぞれ河原道とよばれていた。そして、それらの分岐点には「かわら道」と刻まれた石造道標が立っていたのである。

　これらの「かわら道」道標は、そのほとんどが石造庚申塔の一部をなしており、理由は明らかではないが、庚申主尊のひとつである猿田彦が道案内の神だとする信仰がこの地にもあったことを示しているのではないだろうか。河原道は小岩市川関所を避ける道筋でもあることから、庶民の往来もさかんであったと想像される。それらに道筋を指し示すことは、庚申講中の人びとにとっても布施の意味をもつ、意義のある功徳であったと考えられる。

修復に至る経緯

　この庚申塔石造道標は、3つの部分からなっている。上部が「青面金剛」の文字塔、中央部が道標で、下部が花立てと水盤を刻んだ台石である。道標部分正面上部に三猿像の刻まれていることや台石の規模から、当初より道標部分を有していたと考えられ、庚申供養と道案内の功徳が同じ信仰心の発露

第 4 章　考古資料の保存と修復

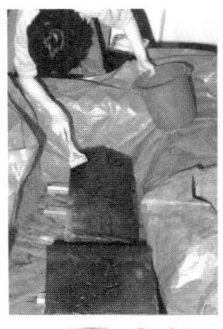

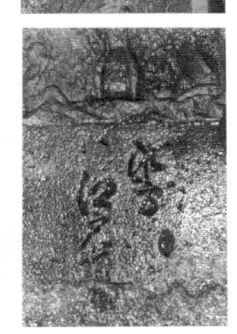

SS-101 の常圧含浸

樋口清治氏らによって開発された変形エチルシリケート系バインダー SS-101 は浸透性がよく硬化後の樹脂光沢も残らない処理が可能である。硬化後やや暗色化することを除けば理想的な効果を規定できる。欠損した部分は、エポキシ樹脂にタルクを混入した疑似器胎で充填した。
（修復　青木豊・内川隆志・下平博行
　　　　中川佳三・贄田明・堀江武史）

であることを窺わせる。造立は、上部文字塔側面に「文政八酉十月吉日」(1825) と刻まれている。江戸川改修以前は、現在地より東の土手際にあったが、区立篠崎図書館建設（1977 年 2 月落成）時にはすでに現在地の敷地内に移されていた。このとき別の場所にあった上部文字塔部分もここに移して保存をはかったということである。1981 年 6 月、篠崎 2 丁目在住の茨木清美氏より江戸川区教育委員会に対し、この道標の保存について将来毀損あるいは滅失の危険性が高いというご指摘があり、管理にあたっていた篠崎図書館職員の配慮によって同敷地内の現在地点に移設した。当時、すでに風化の影響が強く認められたが、剥落の危険性は低かったそうである。

　1983 年 2 月、江戸川区の近世交通史上の重要な遺跡であるとして、他の石造道標とともに江戸川区登録有形文化財となり、保存がはかられることとなった。その後、上部文字塔部分を道標部分にのせ、旧状に復したが、銘文滅失の心配は未解決のままであった。1987 年、ついに剥落が生じたため、急拠雨覆の設置および本体の保存措置を講ずるに至ったのである。

修復処理の実際処理前の状態

　高さ120cm程度で、塔身は雲と「青面金剛」と彫刻された駒形を呈する上部と「此方江戸道」・「かわら渡シ場道」の銘文と講中の連名の刻まれた下部・台石の三部分に分かれた組合せ式である。石質は上・下台石ともに凝灰岩質で、比較的軟質であるため各所に大きなクラックや剥離が観察され、特に側縁は脆く、指先で軽く触れるだけで剥落してしまう個所も認められた。「かわら渡シ場道」の銘文の刻まれた石側面は、縦29cm、横13cmと大きく剥離し、剥離した部分と本体とは接合が不可能なほど不整合を呈していた。石材が軟質であるため剥離面がうろこ状に次々とくずれ落ちこのような不整合を生じる結果となった。また、塔身背部は凹状に大きく剥落し特に劣化の進んだ状態であった。このまま放置すれば塔身全体を崩壊させるほどに進行したものであり、このような現状からすれば劣化は一段と進み崩壊の一途をたどるのみであるため緊急に保存処理および修復を実施する必要があるとみなし、その方法に関して検討することとなった。現地において樹脂塗布含浸等の簡易な方法では劣化をくい止めることは不可能であると判断し、作業室内へと移動、保存修復処理を実施した。以下、処理過程を順を追って解説することとする。

保存修復処理過程

（1）塔の解体・運搬

　塔の解体に際しては、脆弱な部位を見極め、充分丁寧に梱包したうえで作業に入った。人力で持ち上らないようなものは、チェーンブロック等を使用した。

（2）劣化進度の調査

　石材表面の状態、すなわち剥落部位、クラックの有無、補填を要する部位などを入念に観察し調書に記入し、修復作業計画資料を作製した。

（3）剥離部分の樹脂含浸強化とレプリカ製作

　塔身下部の石側面に刻まれた「かわら渡シ場道」の銘文と講中の連名部分は、前述したとおり本体に正確に接合できないことと、極めて薄く脆い状態を呈しているため、この部分についてはレプリカによる補填を実施することとした。剥離部分は、脆弱であるばかりでなく重要な銘文が刻まれており、

強引に接合してしまった場合、折損しさらに崩壊する恐れすら考えられたため、現状のまま樹脂含浸を実施し保存することが望ましいと判断した。剥離部分は厚さ5mmと非常に薄く、少し力を加えれば壊れてしまうほどの強度であるため慎重に作業を行なう必要があった。型取りを実施する前に変性エチルシリケート系バインダーSS-101を用いた樹脂含浸を行ない全体を強化した。石材の性質上（軟質・多孔質）含浸は比較的容易で、刷毛による塗布だけで充分に薬品を浸透させることができた。約24時間後硬化が完了後、レプリカの製作に入った。硬化した資料に剥離剤（高濃度の中性石鹸水を使用）を塗布、さらに箔で保護し、シリコーンゴムを入念に塗り込み雌型を製作した。シリコーンゴムは完全硬化まで24時間かかるが、より硬化を早めたい場合は、硬化促進剤を使用すれば短縮できる。硬化したシリコーンゴムの上に型もたせとしてポリエステル樹脂を塗布し、型もたせとした。これが硬化すれば雌型は完成する。完成した雌型にレプリカの素材である充填材を入れ硬化させれば、型抜きは完了する。充填材として質感の近似した強化コンクリートに砂・顔料を若干混入し、色調をととのえた。

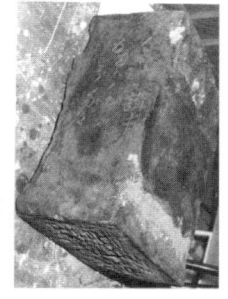

欠損部分の補填

銘文の残る薄く剥落した石材は極めて脆弱であることから、崩壊の恐れがあり別に保存することとし、シリコーンゴムを用いて型取りし、質感をよくした複製品を製作して補填することにした。

（4）塔身部分の樹脂含浸と修復

　解体した2点の塔身部分に樹脂（SS-101）含浸を実施した。石材は前述のとおり吸水性がよいため比較的容易に含浸することができた。SS-101は硬化後の強度・耐久性に関して他の樹脂に比較にならないほど、優れたものであるが、硬化後、色調がやや暗色化する傾向が指摘されている。今回の含浸処理過程においてもこの傾向が認められ処理直後には全体に暗色化したが、処理後約1年を経た現時点では処理前の色調にもどっていることから、暗色化に関してはそれほど問題はないように思われる。塔身部の含浸終了後、表面の各所にみられた剥離部分にはポリエステル樹脂（New Fighter5 No.28）を用いた。欠損部分の補填終了後、細部の調整および着色を実施した。塗料は乾燥後は強固に定着し、取り扱いも簡単である水溶性アクリル系塗料を用いた。

（5）塔身本体とレプリカの接着

　剥離した部分のレプリカを塔身本体へ接着するには、ポリエステル樹脂を使用し、接着終了後、本体の石材と違和感のない色調にするため細部を着色した。修復終了後、塔身本体とレプリカ部分は違和感なく仕上った。

（6）現状

　以上、庚申塔石造道標の修復保存処理を完了したが、処理後すぐには屋外へ設置せず、約1カ月間にわたり強度・色調等に変化が生じないかどうかを確認した後、屋外へ設置した。屋外への設置は劣化要因の水分・直射日光をできるだけ遮断することが望ましいと考え覆屋を設けた。約1年を過ぎた現状は、色調に関しては前述したとおり元にもどっており、強度・耐久性等、詳細について観察しても新たな剥離・クラック等は認められず、非常に落ちついた状況であった。

　石造文化財の保存と修復について若干の問題点の整理と保存修復技術の一例を具体的に提示したが、石造文化財の保存処理に関する文化財関係者レベルでの認識不足と、技術的にも標準化され完成された方法といったものがないため全国的にみれば、かなりの数の石造文化財が崩壊の危機にあるといっても過言ではなかろう。指定物件の立派な石仏や石塔のみならず、地方史を理解するうえで重要な役割を果す石碑や石仏が知らぬ間に劣化してしまうこ

とのないように心掛けたいものである。

文献

青木　豊・樋口政則・内川隆志 1988「石造文化財の保存修復　江戸川区河原渡
　　場道庚申石造道標の保存修復処理報告」『國學院大學博物館学紀要』第
　　13輯、國學院大學博物館学研究室

あとがき

　昭和56年の夏休み、新潟県佐渡市小木町の長者ケ平遺跡（国指定史跡）で初めて大学での発掘調査というものに参加させて頂いた。小林達雄先生が団長で、比較的浅い土中からザクザクと出土する縄文時代の遺物に目を見張るばかりで、何もできず先輩達の俊敏な動きに翻弄されるのみであった。炎天下の発掘調査が終わり、夕食前には小木町教育委員会の高藤一郎平さんの漁場の琴浦海に潜ってニタリガイ（イガイ）やシャジャー（サザエ）、アワビなど海のうまいものや海ソウメン（アメフラシの卵）など気味の悪い食い物を少々頂いたり、西三川で同期の翠川泰弘君が鱒を手摑みしたり、青木先生の投網で小鮎などを漁って酒の肴にした。発掘では役にたたないが、こんなことだけは子どもの頃から板についており活躍できたのである。以後、卒業するまで毎年その調査と整理に関わることが楽しみであり、大いに勉強になった。調査報告書の整理では、先輩の高木厚史さんや八木尚弘さんらに縄文土器修復の手ほどきを受け、その面白さと奥深さを知ったのである。あるとき小木町の依頼で火焔土器の大型モニュメントを製作するということになった。当時大学院生の池田晃一さんや仲間全員で樹脂まみれになりながら完成させた時の充実感は今も記憶に鮮明である。小木町の庁舎前に今もその姿があり、5、6年前に見たが古色が落ちついて堂々たる風格に満足した。これは、佐渡を代表する縄文遺跡の記念碑ではあるが、私たちにとっては樹脂にまみれし青春のモニュメントでもある。

　レプリカというものにはじめて出会ったのは、高校生の頃、紀伊田辺の史跡三栖廃寺の発掘を見学に行った時に、帝塚山大学の堅田直先生が何やら石で出来た蓮弁台座？のレプリカを見せてくれたのが最初である。何の知識もない高校生にとっては、まるでマジックを見ているようだった。そのことがあって、大阪や奈良の博物館に出かけ展示資料を注意深く見ると複製とあり、やはりただ単に驚いたものだった。

　2年生の頃、青木先生は、考古資料の修復や遺構の移築をずいぶん手がけており、その都度お手伝いをさせて頂いた。新幹線工事最中の赤羽にあった中里遺跡の縄文時代の集石遺構や当時話題を呼んだ秋川市（現あきる野市）

の前田耕地遺跡では縄文時代草創期の住居址遺構の移築と石器のレプリカ製作など彼方此方でずいぶん様々な経験をさせてもらった。池田晃一さんと信州野沢温泉村に縄文時代晩期の石棺墓移築に出張させてもらったこともある。ある日、先生から某神社に伝存する文化財の能面のレプリカを作るように言われた。とても不安だったが何とか仕上げ、神社に納めたが部分的に樹脂が充填されておらず空洞になっているという苦情が来たことを聞いた。後日、先生が注射器を持って神社に出向き、樹脂を注入し修理してきたことを聞いて赤面した。この頃、集中的に手がけられていた成果は、雄山閣から出版された『博物館技術学』にまとめられ、博物館学的視点から考古資料の修理や遺構移築方法、レプリカの用い方等を示す唯一の専門書となった。ここに記された実践的方法論が本書の基本であることは、先に述べた。いわば恩師の褌で相撲を取らせてもらっているのだから心中、後ろめたさと有難さが混在している。

　学校を出る時、博物館学研究室の重鎮、加藤有次先生の助手のお話を頂戴した。あまり深く考えない性質なので、迷惑も顧みずお世話になったのだが大いに迷惑を掛けてしまった。以来、先生には迷惑のかけどおしであったが、何一つ恩返しも出来ぬままお別れしなければならなくなった。もっとしっかり勉強して生前のうちに先生の期待にそえるように努力しておけばよかったと夜中に目が覚め思い出しては悔やんでいる。

　２年間の助手の任期を終えて、考古学資料館に勤務して５年ほどたった頃、同期で福井県の赤澤徳明さんから武生市の田圃の中から中世の墓が出たので移築したいという相談を受けた。福井の11月はもう寒いので、薬剤の反応が気になったが引き受けた。一人では心細いので、すでに長野市で画材店を経営されていた高木厚史さんに頼み込んで一緒に行ってもらった。当時教育委員会の小淵忠司（現岐阜県教育文化財団文化財保護センター）さんらと苦労して移築したが、赤澤さんと共に数年前に武生に行ったら倉庫を占拠している礫槨墓の移築標本に困っているという。現実を目の当たりにして少し悲しかった。本書に一部を紹介したとおり、博物館に展示されたらこんなものもいる、あんなものも必要だと予算の範囲を無視してあれこれ作ったのだが現実は厳しかったのだ。しかし、おかげで得たものも大きく、出土漆製品

あとがき

の扱いの悪さをいやというほど勉強させてもらった。今の技術では実物をもっときれいに処理することが適うのだが、当時の私の力量では塗膜一枚を残すのがやっとであった。

　私は今日に至るまで多くの方々にお世話になってきた。本書に事例として紹介させて頂いたものすべてについても、自分一人でのみなしえたものでないことは明白である。國學院大學の先生方や多くの先輩、同輩、後輩、関係諸氏の方々の支援、協力を得てようやくできたものばかりである。それぞれに苦労や思い出がある。先輩にはレプリカ製作の最大手、京都科学の村井実さんや仲間の中には、レプリカや考古資料修復のプロとして活躍している東芸府中工房の堀江武史さん、この春「レプリカ展」を博物館学的切口でおこなった新潟県立歴史博物館の山本哲也さんなど、この界隈から巣立った方々が活躍されている。たのもしい限りである。

　資料を扱う時に最も大切なのは、ものに対する大所高所からの知識である。國學院大學には考古資料や古美術に対する眼力の鋭い（うるさい）人たちが多い。小林達雄先生をはじめとする面々によって真贋を含めた理屈っぽくて熱い議論が常日頃行なわれている。そんな中で気づいた時には門前のオヤジになってしまっていた。古陶磁の見どころや知識は、朋友惟村忠志さんを通じてお世話になっている古陶磁研究家の出川直樹先生にことある度に教わっている。こんなものが入ったから見に来ないか、と中野のご自宅に伺うと脂汗が滲むような逸品を舐めるように見ることを適わせて頂いてきた。巧緻な陶磁器の直しの数々を見せてもらってきたことが、焼物の直しを蔑ろに出来ないことにつながった。有難く、また心苦しいかぎりである。考古学、有職、古美術全般に造詣の深い朋友伊藤博司さんには、いつもいろんなことで相談に乗ってもらっている。

　今、私の勤務する國學院大學考古学資料館では伊豆利島の延喜式内社阿豆佐和気命神社境内祭祀遺跡から出土した中世遺物の整理と学術調査で行なった熱海の伊豆山神社経塚遺物の整理作業を続けている。阿豆佐和気命神社境内祭祀遺跡の集石遺構の移築については本書に事例紹介させて頂いている。いずれも潤沢に資金のない作業であるが、嘱託の原あゆみさんと共に手弁当で整理作業をしてくれている大学院博士課程後期在学の須藤友章さんをはじ

めとする國學院大學の学生さんにはただただ頭を垂れるばかりである。
　最後に、恩師加藤有次先生の霊前に、このつたない小書を捧げ、心よりご冥福をお祈りする次第である。
　　　2004年9月10日

〈付録〉

博物館関係法規

博物館法（昭和26年12月1日法律第285号）
（最終改正：平成13年7月11日法律第105号）

第1章　総則（第1条～第9条）
第2章　登録（第10条～第17条）
第3章　公立博物館（第18条～第26条）
第4章　私立博物館（第27条・第28条）
第5章　雑則（第29条）
附則

第1章　総則
（この法律の目的）
第1条　この法律は、社会教育法（昭和24年法律第207号）の精神に基き、博物館の設定及び運営に関して必要な事項を定め、その健全な発達を図り、もって国民の教育、学術及び文化の発展に寄与することを目的とする。
（定義）
第2条　この法律において「博物館」とは、歴史、芸術、民俗、産業、自然科学等に関する資料を収集し、保管（育成を含む。以下同じ。）し、展示して教育的配慮の下に一般公衆の利用に供し、その教養、調査研究、レクリエーション等に資するために必要な事業を行い、あわせてこれらの資料に関する調査研究をすることを目的とする機関（社会教育法による公民館及び図書館法（昭和25年法律第118号）による図書館を除く。）のうち、地方公共団体、民法（明治29年法律第89号）第34条の法人、宗教法人又は政令で定めるその他の法人（独立行政法人（独立行政法人通則法（平成11年法律第103号）第2条第1項に規定する独立行政法人をいう。第29条において同じ。）を除く。）が設置するもので第2章の規定による登録を受けたものをいう。
2　この法律において、「公立博物館」とは、地方公共団体の設置する博物館をいい、「私立博物館」とは、民法第34条の法人、宗教法人又は前項の政令で定める法人の設置する博物館をいう。
3　この法律において「博物館資料」とは、博物館が収集し、保管し、又は展示する資料をいう。
（博物館の事業）

第3条　博物館は、前条第1項に規定する目的を達成するため、おおむね左に掲げる事業を行う。
1. 実物、標本、模写、模型、文献、図表、写真、フィルム、レコード等の博物館資料を豊富に収集し、保管し、及び展示すること。
2. 分館を設置し、又は博物館資料を当該博物館外で展示すること。
3. 一般公衆に対して、博物館資料の利用に関し必要な説明、助言、指導等を行い、又は研究室、実験室、工作室、図書室等を設置してこれを利用させること。
4. 博物館資料に関する専門的、技術的な調査研究を行うこと。
5. 博物館資料の保管及び展示等に関する技術的研究を行うこと。
6. 博物館資料に関する案内書、解説書、目録、図録、年報、調査研究の報告書等を作成し、及び頒布すること。
7. 博物館資料に関する講演会、講習会、映写会、研究会等を主催し、及びその開催を援助すること。
8. 当該博物館の所在地又はその周辺にある文化財保護法（昭和25年法律第214号）の適用を受ける文化財について、解説書又は目録を作成する等一般公衆の当該文化財の利用の便を図ること。
9. 他の博物館、博物館と同一の目的を有する国の施設等と緊密に連絡し、協力し、刊行物及び情報の交換、博物館資料の相互貸借等を行うこと。
10. 学校、図書館、研究所、公民館等の教育、学術又は文化に関する諸施設と協力し、その活動を援助すること。

2　博物館は、その事業を行うに当っては、土地の事情を考慮し、国民の実生活の向上に資し、更に学校教育を援助し得るようにも留意しなければならない。

（館長、学芸員その他の職員）

第4条　博物館に、館長を置く。

2　館長は、館務を掌理し、所属職員を監督して、博物館の任務の達成に努める。

3　博物館に、専門的職員として学芸員を置く。

4　学芸員は、博物館資料の収集、保管、展示及び調査研究その他これと関連する事業についての専門的事項をつかさどる。

5　博物館に、館長及び学芸員のほか、学芸員補その他の職員を置くことができる。

6　学芸員補は、学芸員の職務を助ける。

（学芸員の資格）

第5条　次の各号の一に該当する者は、学芸員となる資格を有する。

1. 学士の学位を有する者で、大学において文部科学省令で定める博物館に関する科目の単位を修得したもの
2. 大学に2年以上在学し、前号の博物館に関する科目の単位を含めて62単位以上を修得した者で、3年以上学芸員補の職にあったもの
3. 文部科学大臣が、文部科学省令で定めるところにより、前各号に掲げる者と同等以上の学力及び経験を有する者と認めた者

2　前項第2号の学芸員補の職には、博物館の事業に類する事業を行う施設における職で、学芸員補の職に相当する職又はこれと同等以上の職として文部科学大臣が指定するものを含むものとする。

（学芸員補の資格）
第6条　学校教育法（昭和22年法律第26号）第56条第1項の規定により大学に入学することのできる者は、学芸員補となる資格を有する。
第7条　削除
（設置及び運営上望ましい基準）
第8条　文部科学大臣は、博物館の健全な発達を図るために、博物館の設置及び運営上望ましい基準を定め、これを教育委員会に提示するとともに一般公衆に対して示すものとする。
第9条　削除

第2章　登録

（登録）
第10条　博物館を設置しようとする者は、当該博物館について、当該博物館の所在する都道府県の教育委員会に備える博物館登録原簿に登録を受けるものとする。

（登録の申請）
第11条　前条の規定による登録を受けようとする者は、設置しようとする博物館について、左に掲げる事項を記載した登録申請書を都道府県の教育委員会に提出しなければならない。
1. 設置者の名称及び私立博物館にあっては設置者の住所
2. 名称
3. 所在地

2　前項の登録申請書には、左に掲げる書類を添附しなければならない。
1. 公立博物館にあっては、設置条例の写、館則の写、直接博物館の用に供する建物及び土地の面積を記載した書面及びその図面、当該年度における事業計画書及び予算の歳出の見積に関する書類、博物館資料の目録並びに館長及び

学芸員の氏名を記載した書面
　2. 私立博物館にあっては、当該法人の定款若しくは寄附行為の写又は当該宗教法人の規則の写、館則の写、直接博物館の用に供する建物及び土地の面積を記載した書面及びその図面、当該年度における事業計画書及び収支の見積に関する書類、博物館資料の目録並びに館長及び学芸員の氏名を記載した書面

（登録要件の審査）

第12条　都道府県の教育委員会は、前条の規定による登録の申請があった場合においては、当該申請に係る博物館が左に掲げる要件を備えているかどうかを審査し、備えていると認めたときは、同条第1項各号に掲げる事項及び登録の年月日を博物館登録原簿に登録するとともに登録した旨を当該登録申請者に通知し、備えていないと認めたときは、登録しない旨をその理由を附記した書面で当該登録申請者に通知しなければならない。

　1. 第2条第1項に規定する目的を達成するために必要な博物館資料があること。
　2. 第2条第1項に規定する目的を達成するために必要な学芸員その他の職員を有すること。
　3. 第2条第1項に規定する目的を達成するために必要な建物及び土地があること。
　4. 1年を通じて150日以上開館すること。

（登録事項等の変更）

第13条　博物館の設置者は、第11条第1項各号に掲げる事項について変更があったとき、又は同条第2項に規定する添付書類の記載事項について重要な変更があったときは、その旨を都道府県の教育委員会に届け出なければならない。

2　都道府県の教育委員会は、第11条第1項各号に掲げる事項に変更があったことを知ったときは、当該博物館に係る登録事項の変更登録をしなければならない。

（登録の取消）

第14条　都道府県の教育委員会は、博物館が第12条各号に掲げる要件を欠くに至ったものと認めたとき、又は虚偽の申請に基いて登録した事実を発見したときは、当該博物館に係る登録を取り消さなければならない。但し、博物館が天災その他やむを得ない事由により要件を欠くに至った場合においては、その要件を欠くに至った日から2年間はこの限りでない。

2　都道府県の教育委員会は、前項の規定により登録の取消しをしたときは、当該博物館の設置者に対し、速やかにその旨を通知しなければならない。

（博物館の廃止）

第15条　博物館の設置者は、博物館を廃止したときは、すみやかにその旨を都道府県の教育委員会に届け出なければならない。
2　都道府県の教育委員会は、博物館の設置者が当該博物館を廃止したときは、当該博物館に係る登録をまっ消しなければならない。
（規則への委任）
第16条　この章に定めるものを除くほか、博物館の登録に関し必要な事項は、都道府県の教育委員会の規則で定める。
第17条　削除

第3章　公立博物館
（設置）
第18条　公立博物館の設置に関する事項は、当該博物館を設置する地方公共団体の条例で定めなければならない。
（所管）
第19条　公立博物館は、当該博物館を設置する地方公共団体の教育委員会の所管に属する。
（博物館協議会）
第20条　公立博物館に、博物館協議会を置くことができる。
2　博物館協議会は、博物館の運営に関し館長の諮問に応ずるとともに、館長に対して意見を述べる機関とする。
第21条　博物館協議会の委員は、学校教育及び社会教育の関係者並びに学識経験のある者の中から、当該博物館を設置する地方公共団体の教育委員会が任命する。
第22条　博物館協議会の設置、その委員の定数及び任期その他博物館協議会に関し必要な事項は、当該博物館を設置する地方公共団体の条例で定めなければならない。
（入館料等）
第23条　公立博物館は、入館料その他博物館資料の利用に対する対価を徴収してはならない。但し、博物館の維持運営のためにやむを得ない事情のある場合は、必要な対価を徴収することができる。
（博物館の補助）
第24条　国は、博物館を設置する地方公共団体に対し、予算の範囲内において、博物館の施設、設備に要する経費その他必要な経費の一部を補助することができる。
2　前項の補助金の交付に関し必要な事項は、政令で定める。

第25条　削除

（補助金の交付中止及び補助金の返還）

第26条　国は、博物館を設置する地方公共団体に対し第24条の規定による補助金の交付をした場合において、左の各号の一に該当するときは、当該年度におけるその後の補助金の交付をやめるとともに、第1号の場合の取消が虚偽の申請に基いて登録した事実の発見に因るものである場合には、既に交付した補助金を、第3号及び第4号に該当する場合には、既に交付した当該年度の補助金を返還させなければならない。

1. 当該博物館について、第14条の規定による登録の取消があったとき。
2. 地方公共団体が当該博物館を廃止したとき。
3. 地方公共団体が補助金の交付の条件に違反したとき。
4. 地方公共団体が虚偽の方法で補助金の交付を受けたとき。

第4章　私立博物館

（都道府県の教育委員会との関係）

第27条　都道府県の教育委員会は、博物館に関する指導資料の作成及び調査研究のために、私立博物館に対し必要な報告を求めることができる。

2　都道府県の教育委員会は、私立博物館に対し、その求めに応じて、私立博物館の設置及び運営に関して、専門的、技術的の指導又は助言を与えることができる。

（国及び地方公共団体との関係）

第28条　国及び地方公共団体は、私立博物館に対し、その求めに応じて、必要な物資の確保につき援助を与えることができる。

第5章　雑則

（博物館に相当する施設）

第29条　博物館の事業に類する事業を行う施設で、国又は独立行政法人が設置する施設にあっては文部科学大臣が、その他の施設にあっては当該施設の所在する都道府県の教育委員会が、文部科学省令で定めるところにより、博物館に相当する施設として指定したものについては、第27条第2項の規定を準用する。

附則

（施行期日）

1　この法律は、公布の日から起算して3箇月を経過した日から施行する。

（経過規定）
2 　第6条に規定する者には、旧中等学校令（昭和18年勅令第36号）、旧高等学校令又は旧青年学校令（昭和14年勅令第254号）の規定による中等学校、高等学校尋常科又は青年学校本科を卒業し、又は修了した者及び文部省令でこれらの者と同等以上の資格を有するものと定めた者を含むものとする。

附則　（昭和27年8月14日法律第305号）　抄
（施行期日）
1 　この法律は、附則第6項及び附則第16項から附則第26項までの規定を除き、公布の日から施行し、附則第6項及び附則第16項から附則第26項までの規定は、公布の日から起算して6箇月をこえない期間内において政令で定める日から施行する。

附則　（昭和30年7月22日法律第81号）　抄
（施行期日）
1 　この法律は、公布の日から施行する。
（経過規定）
2 　改正前の博物館法（以下「旧法」という。）第5条第1項第2号、第4号又は第5号に該当する者は、改正後の博物館法（以下「新法」という。）第5条の規定にかかわらず、学芸員となる資格を有するものとする。
4 　新法第5条第2号の学芸員補の職には、旧法附則第4項に規定する学芸員補の職に相当する職又はこれと同等以上の職を含むものとする。

附則　（昭和31年6月30日法律第163号）　抄
（施行期日）
1 　この法律は、昭和31年10月1日から施行する。

附則　（昭和34年4月30日法律第158号）　抄
（施行期日）
1 　この法律は、公布の日から施行する。

附則　（昭和46年6月1日法律第96号）　抄
（施行期日等）
1 　この法律は、公布の日から施行する。
（経過措置）
5 　この法律の施行前に第13条の規定による改正前の博物館法第29条の規定により文部大臣がした指定は、第13条の規定による改正後の博物館法第29条の規定により文部大臣又は都道府県の教育委員会がした指定とみなす。

附則　（昭和58年12月2日法律第78号）　抄
1 　この法律（第1条を除く。）は、昭和59年7月1日から施行する。

附則　（昭和 61 年 12 月 4 日法律第 93 号）　抄

（施行期日）

第 1 条　この法律は、昭和 62 年 4 月 1 日から施行する。

（政令への委任）

第 42 条　附則第 2 条から前条までに定めるもののほか、この法律の施行に関し必要な事項は、政令で定める。

附則　（平成 3 年 4 月 2 日法律第 23 号）　抄

（施行期日）

1　この法律は、平成 3 年 7 月 1 日から施行する。

附則　（平成 3 年 4 月 2 日法律第 25 号）　抄

（施行期日）

1　この法律は、平成 3 年 7 月 1 日から施行する。

附則　（平成 5 年 11 月 12 日法律第 89 号）　抄

（施行期日）

第 1 条　この法律は、行政手続法（平成 5 年法律第 88 号）の施行の日から施行する。

（諮問等がされた不利益処分に関する経過措置）

第 2 条　この法律の施行前に法令に基づき審議会その他の合議制の機関に対し行政手続法第 13 条に規定する聴聞又は弁明の機会の付与の手続その他の意見陳述のための手続に相当する手続を執るべきことの諮問その他の求めがされた場合においては、当該諮問その他の求めに係る不利益処分の手続に関しては、この法律による改正後の関係法律の規定にかかわらず、なお従前の例による。

（罰則に関する経過措置）

第 13 条　この法律の施行前にした行為に対する罰則の適用については、なお従前の例による。

（聴聞に関する規定の整理に伴う経過措置）

第 14 条　この法律の施行前に法律の規定により行われた聴聞、聴問若しくは聴聞会（不利益処分に係るものを除く。）又はこれらのための手続は、この法律による改正後の関係法律の相当規定により行われたものとみなす。

（政令への委任）

第 15 条　附則第 2 条から前条までに定めるもののほか、この法律の施行に関して必要な経過措置は、政令で定める。

附則　（平成 11 年 7 月 16 日法律第 87 号）　抄

（施行期日）

第 1 条　この法律は、平成 12 年 4 月 1 日から施行する。ただし、次の各号に掲

げる規定は、当該各号に定める日から施行する。
1　第1条中地方自治法第250条の次に5条、節名並びに2款及び款名を加える改正規定（同法第250条の9第1項に係る部分（両議院の同意を得ることに係る部分に限る。）に限る。）、第40条中自然公園法附則第9項及び第10項の改正規定（同法附則第10項に係る部分に限る。）、第244条の規定（農業改良助長法第14条の3の改正規定に係る部分を除く。）並びに第472条の規定（市町村の合併の特例に関する法律第6条、第8条及び第17条の改正規定に係る部分を除く。）並びに附則第7条、第10条、第12条、第59条ただし書、第60条第4項及び第5項、第73条、第77条、第157条第4項から第6項まで、第160条、第163条、第164条並びに第202条の規定　公布の日

（国等の事務）

第159条　この法律による改正前のそれぞれの法律に規定するもののほか、この法律の施行前において、地方公共団体の機関が法律又はこれに基づく政令により管理し又は執行する国、他の地方公共団体その他公共団体の事務（附則第161条において「国等の事務」という。）は、この法律の施行後は、地方公共団体が法律又はこれに基づく政令により当該地方公共団体の事務として処理するものとする。

（処分、申請等に関する経過措置）

第160条　この法律（附則第1条各号に掲げる規定については、当該各規定。以下この条及び附則第163条において同じ。）の施行前に改正前のそれぞれの法律の規定によりされた許可等の処分その他の行為（以下この条において「処分等の行為」という。）又はこの法律の施行の際現に改正前のそれぞれの法律の規定によりされている許可等の申請その他の行為（以下この条において「申請等の行為」という。）で、この法律の施行の日においてこれらの行為に係る行政事務を行うべき者が異なることとなるものは、附則第2条から前条までの規定又は改正後のそれぞれの法律（これに基づく命令を含む。）の経過措置に関する規定に定めるものを除き、この法律の施行の日以後における改正後のそれぞれの法律の適用については、改正後のそれぞれの法律の相当規定によりされた処分等の行為又は申請等の行為とみなす。

2　この法律の施行前に改正前のそれぞれの法律の規定により国又は地方公共団体の機関に対し報告、届出、提出その他の手続をしなければならない事項で、この法律の施行の日前にその手続がされていないものについては、この法律及びこれに基づく政令に別段の定めがあるもののほか、これを、改正後のそれぞれの法律の相当規定により国又は地方公共団体の相当の機関に対して報告、届出、提出その他の手続をしなければならない事項についてその手続がされてい

ないものとみなして、この法律による改正後のそれぞれの法律の規定を適用する。
（不服申立てに関する経過措置）
第161条　施行日前にされた国等の事務に係る処分であって、当該処分をした行政庁（以下この条において「処分庁」という。）に施行日前に行政不服審査法に規定する上級行政庁（以下この条において「上級行政庁」という。）があったものについての同法による不服申立てについては、施行日以後においても、当該処分庁に引き続き上級行政庁があるものとみなして、行政不服審査法の規定を適用する。この場合において、当該処分庁の上級行政庁とみなされる行政庁は、施行日前に当該処分庁の上級行政庁であった行政庁とする。
2　前項の場合において、上級行政庁とみなされる行政庁が地方公共団体の機関であるときは、当該機関が行政不服審査法の規定により処理することとされる事務は、新地方自治法第2条第9項第1号に規定する第1号法定受託事務とする。
（手数料に関する経過措置）
第162条　施行日前においてこの法律による改正前のそれぞれの法律（これに基づく命令を含む。）の規定により納付すべきであった手数料については、この法律及びこれに基づく政令に別段の定めがあるもののほか、なお従前の例による。
（罰則に関する経過措置）
第163条　この法律の施行前にした行為に対する罰則の適用については、なお従前の例による。
（その他の経過措置の政令への委任）
第164条　この附則に規定するもののほか、この法律の施行に伴い必要な経過措置（罰則に関する経過措置を含む。）は、政令で定める。
2　附則第18条、第51条及び第184条の規定の適用に関して必要な事項は、政令で定める。
（検討）
第250条　新地方自治法第2条第9項第1号に規定する第1号法定受託事務については、できる限り新たに設けることのないようにするとともに、新地方自治法別表第1に掲げるもの及び新地方自治法に基づく政令に示すものについては、地方分権を推進する観点から検討を加え、適宜、適切な見直しを行うものとする。
第251条　政府は、地方公共団体が事務及び事業を自主的かつ自立的に執行できるよう、国と地方公共団体との役割分担に応じた地方税財源の充実確保の方途

について、経済情勢の推移等を勘案しつつ検討し、その結果に基づいて必要な措置を講ずるものとする。
第252条　政府は、医療保険制度、年金制度等の改革に伴い、社会保険の事務処理の体制、これに従事する職員の在り方等について、被保険者等の利便性の確保、事務処理の効率化等の視点に立って、検討し、必要があると認めるときは、その結果に基づいて所要の措置を講ずるものとする。

附則　（平成11年12月22日法律第160号）　抄
（施行期日）
第1条　この法律（第2条及び第3条を除く。）は、平成13年1月6日から施行する。

附則　（平成11年12月22日法律第220号）　抄
（施行期日）
第1条　この法律（第1条を除く。）は、平成13年1月6日から施行する。
（政令への委任）
第4条　前2条に定めるもののほか、この法律の施行に関し必要な事項は、政令で定める。

附則　（平成13年7月11日法律第105号）　抄
（施行期日）
第1条　この法律は、公布の日から施行する。ただし、次の各号に掲げる規定は、当該各号に定める日から施行する。
2　第56条に1項を加える改正規定、第57条第3項の改正規定、第67条に1項を加える改正規定並びに第73条の3及び第82条の10の改正規定並びに次条及び附則第5条から第16条までの規定　平成14年4月1日

博物館法施行規則

博物館法施行規則（昭和30年10月4日文部省令第24号）
最終改正：平成15年3月31日文部科学省令第15号

博物館法（昭和26年法律第285号）第5条及び第29条の規定に基き、博物館法施行規則（昭和27年文部省令第11号）の全部を改正する省令を次のように定める。
第1章　大学において修得すべき博物館に関する科目の単位（第1条・第2条）
第2章　学芸員の資格認定（第3条—第17条）
第3章　博物館に相当する施設の指定（第18条—第24条）
第4章　雑則（第25条1第27条）
附則

第1章　大学において修得すべき博物館に関する科目の単位
（博物館に関する科目の単位）
第1条　博物館法（昭和26年法律第285号。以下「法」という。）第5条第1項第1号の規定により大学において修得すべき博物館に関する科目の単位は、次の表に掲げるものとする。

科　目	単位数
生涯学習概論	1
博物館概論	2
博物館経営論	1
博物館資料論	2
博物館情報論	1
博物館実習	3
視聴覚教育メディア論	1
教育学概論	1

備考
1　博物館概論、博物館経営論、博物館資料論及び博物館情報論の単位は、これらの科目の内容を統合した科目である博物館学の単位をもって替えることができる。ただし、当該博物館学の単位数は、6を下ることはできないものとする。
2　博物館経営論、博物館資料論及び博物館情報論の単位は、これらの科目の内容を統合した科目である博物館学各論の2条第1項に規定する博物館をいう。（以下同じ。）又は法第29条の規定に基づき文部科学大臣若しくは都道府県の教育委員会の指定した博物館に相当する施設（大学においてこれに準ずると認めた施設を含む。）における実習により修得するものとする。
4　博物館実習の単位数には、大学における博物館実習に係る事前及び事後の指導の1単位を含むものとする。
第2条　削除

第2章　学芸員の資格認定
（資格認定）
第3条　法第5条第1項第3号の規定により学芸員となる資格を有する者と同等以上の学力及び経験を有する者と認められる者は、この章に定める試験認定又は無試験認定（以下「資格認定」という。）の合格者とする。

第4条　資格認定は、毎年少くとも各1回、文部科学大臣が行う。
2　資格認定の施行期日、場所及び出願の期限等は、あらかじめ、官報で告示する。
（試験認定の受験資格）
第5条　左の各号の一に該当する者は、試験認定を受けることができる。
1. 学士の学位を有する者
2. 大学に2年以上在学し、62単位以上を修得した者で3年以上学芸員補の職（学芸員補に相当する職又はこれと同等以上の職として文部科学大臣が指定するものを含む。以下同じ。）にあった者
3. 教育職員の普通免許状を有し、3年以上教育職員の職にあった者
4. 5年以上学芸員補の職にあった者
5. その他文部科学大臣が前各号に掲げる者と同等以上の資格を有すると認めた者

（試験認定の方法及び試験科目）
第6条　試験認定は、大学卒業の程度において、筆記及び口述の方法により行う。
2　試験科目及び各試験科目についての試験の方法は、次表第1欄及び第2欄に定めるとおりとする。

第1欄		第2欄	
試験科目		試験認定の必要科目	試験の方法
必須科目	生涯学習概論	上記科目の全科目	筆記
	博物館学		筆記及び口述
	視聴覚教育メディア論		筆記
	教育学概論		筆記
	文化史		筆記
	美術史		筆記
	考古学		筆記
	民俗学		筆記
選択科目	自然科学史	上記科目のうちから受験者の選択する二科目	筆記
	物理		筆記
	化学		筆記
	生物学		筆記
	地学		筆記

（試験科目の免除）

第7条　大学又は文部科学大臣の指定する講習等において、前条に規定する試験科目に相当する科目の単位を1単位（博物館学にあっては6単位）以上修得した者又は講習等を修了した者に対しては、その願い出により、当該科目についての試験を免除する。
2　前項の文部科学大臣の指定する講習等における単位の計算方法は、大学設置基準（昭和31年文部省令第218号）第211条第2項に定める基準によるものとする。
（2回以上の受験）
第8条　試験認定は、2回以上にわたり、それぞれ1以上の試験科目について受けることができる。
（無試験認定の受験資格）
第9条　左の各号の一に該当する者は、無試験認定を受けることができる。
1　学位規則（昭和28年文部省令第9号）による修士若しくは博士の学位又は専門職学位を有する者
2　大学において博物館に関する科目に関し2年以上教授、助教授又は講師の職にあった者
3　10年以上学芸員補の職にあった者で都道府県の教育委員会の推薦する者
4　その他文部科学大臣が前各号に掲げる者と同等以上の資格を有すると認めた者
（無試験認定の方法）
第10条　無試験認定は、次条の規定により願い出た者について、博物館に関する学識及び業績を審査して行うものとする。
（受験の手続）
第11条　資格認定を受けようとする者は、受験願書（別記第1号様式により作成したもの）に左の各号に掲げる書類等を添えて、文部科学大臣に願い出なければならない。この場合において、住民基本台帳法（昭和42年法律第81号）第30条の7第3項の規定により同法第30条の5第1項に規定する本人確認情報の提供を受けて文部科学大臣が資格認定を受けようとする者の氏名、生年月日及び住所を確認することができるときは、第3号に掲げる住民票の写しを添付することを要しない。
1. 受験資格を証明する書類
2. 履歴書（別記第2号様式により作成したもの）
3. 住民票の写し（出願前6月以内に交付を受けたもの）
4. 写真（出願前1年以内に脱帽して撮影した手札形の写真を葉書大の厚紙にはり付け、裏面に住所、氏名（ふりがなをつける。）及び生年月日を記載した

もの）
5. 試験認定の試験科目の免除を願い出る者については、その免除を受ける資格を証明する書類
6. 無試験認定を願い出る者については、博物館に関する学識及び業績を明示する書類及び資料

（試験認定合格者及び試験認定科目合格者）
第12条　試験科目（試験科目の免除を受けた者については、その免除を受けた科目を除く。）のすべてについて合格点を得た者（試験科目の全部について試験の免除を受けた者を含む。）を試験認定合格者とする。ただし、第5条第1号の規定に該当する者については、1年間学芸員補の職の職務に従事した後に、試験認定合格者となるものとする。

2　試験認定合格者ではないが、1以上の試験科目について合格点を得た者を試験認定科目合格者とする。

（無試験認定合格者）
第13条　第10条の規定による審査に合格した者を無試験認定合格者とする。

（合格証書の授与等）
第14条　試験認定合格者（第12条第1項ただし書に規定する者を含む。）及び無試験認定合格者に対しては、合格証書（別記第3号様式によるもの）を授与する。

2　合格証書を有する者が、その氏名を変更し、又は合格証書を破損し、若しくは紛失した場合において、その事由をしるして願い出たときは、合格証書を書き換え又は再交付する。

（合格証明書の交付等）
第15条　試験認定合格者又は無試験認定合格者が、その合格の証明を願い出たときは、合格証明書（別記第4号様式によるもの）を交付する。

2　試験認定科目合格者がその科目合格の証明を願い出たときは、科目合格証明書（別記第5号様式によるもの）を交付する。

（手数料）
第16条　次表の上欄に掲げる者は、それぞれその下欄に掲げる額の手数料を納付しなければならない。

上　欄	下欄
1　試験認定を願い出る者	1科目につき1200円
2　無試験認定を願い出る者	3700円
3　合格証書の書換又は再交付を願い出る者	700円

| 4 合格証明書の交付を願い出る者 | 700円 |
| 5 科目合格証明書の交付を願い出る者 | 700円 |

2　前項の規定によって納付すべき手数料は、収入印紙を用い、収入印紙は、各願書にはるものとする。
3　納付した手数料は、どういう事由があっても返還しない。
　（不正の行為を行った者等に対する処分）
第17条　虚偽若しくは不正の方法により資格認定を受け、又は資格認定を受けるにあたり不正の行為を行った者に対しては、受験を停止し、既に受けた資格認定の成績を無効にするとともに、期間を定めてその後の資格認定を受けさせないことができる。
2　試験認定合格者、無試験認定合格者又は試験認定科目合格者について前項の事実があったことが明らかになったときは、その合格を無効にするとともに、既に授与又は交付した合格証書その他当該合格を証明する書類を取り上げ、かつ、期間を定めてその後の資格認定を受けさせないことができる。
3　前2項の処分をしたときは、処分を受けた者の氏名及び住所を官報に公告する。

第3章　博物館に相当する施設の指定
　（申請の手続）
第18条　法第219条の規定により博物館に相当する施設として文部科学大臣又は都道府県の教育委員会の指定を受けようとする場合は、博物館相当施設指定申請書（別記第6号様式により作成したもの）に次に掲げる書類等を添えて、国立の施設にあっては当該施設の長（大学に附属する施設にあっては当該大学の長）が文部科学大臣に、都道府県立の施設にあっては当該施設の長（大学に附属する施設にあっては当該大学の長）が、その他の施設にあっては当該施設を設置する者（大学に附属する施設にあっては当該大学の長）が当該施設の所在する都道府県の教育委員会に、それぞれ提出しなければならない。
　1. 当該施設の有する資料の目録
　2. 直接当該施設の用に供する建物及び土地の面積を記載した書面及び図面
　3. 当該年度における事業計画書及び予算の収支の見積に関する書類
　4. 当該施設の長及び学芸員に相当する職員の氏名を記載した書類
　（指定要件の審査）
第19条　文部科学大臣又は都道府県の教育委員会は、博物館に相当する施設として指定しようとするときは、申請に係る施設が、次の各号に掲げる要件を備

えているかどうかを審査するものとする。
1. 博物館の事業に類する事業を達成するために必要な資料を整備していること。
2. 博物館の事業に類する事業を達成するために必要な専用の施設及び設備を有すること。
3. 学芸員に相当する職員がいること。
4. 一般公衆の利用のために当該施設及び設備を公開すること。
5. 1年を通じて百日以上開館すること。

2　前項に規定する指定の審査に当っては、必要に応じて当該施設の実地について審査するものとする。

第20条　削除

第21条　文部科学大臣又は都道府県の教育委員会の指定する博物館に相当する施設（以下「博物館相当施設」という。）が第19条第1項に規定する要件を欠くに至ったときは、直ちにその旨を、国立の施設にあっては当該施設の長（大学に附属する施設にあっては当該大学の長）が文部科学大臣に、都道府県立の施設にあっては当該施設の長（大学に附属する施設にあっては当該大学の長）が、その他の施設にあっては当該施設を設置する者（大学に附属する施設にあっては当該大学の長）が当該施設の所在する都道府県の教育委員会に、それぞれ報告しなければならない。

第22条　削除

第23条　文部科学大臣又は都道府県の教育委員会は、その指定した博物館相当施設に対し、第19条第1項に規定する要件に関し、必要な報告を求めることができる。

（指定の取消）

第24条　文部科学大臣又は都道府県の教育委員会は、その指定した博物館相当施設が第19条第1項に規定する要件を欠くに至ったものと認めたとき、又は虚偽の申請に基いて指定した事実を発見したときは、当該指定を取り消すものとする。

第4章　雑則

（従前の規程による学校の卒業者等）

第25条　第5条第1号に規定する学士の学位を有する者には、旧大学令（大正7年勅令第388号）による学士の称号を有する者を含むものとする。

第26条　第5条第2号に規定する大学に2年以上在学し、62単位以上を修得した者には、旧大学令、旧高等学校令（大正7年勅令第389号）、旧専門学校令

（明治36年勅令第61号）又は旧教員養成諸学校官制（昭和21年勅令第208号）の規定による大学予科、高等学校高等科、専門学校又は教員養成諸学校を修了し、又は卒業した者を含むものとする。

第27条　第9条第1号に規定する博士の学位を有する者には、旧学位令（大正9年勅令第200号）による博士の称号を有する者を含むものとする。

附　則
1　この省令は、公布の日から施行する。
2　試験認定を受ける者のうち、博物館法の一部を改正する法律（昭和30年法律第81号）附則第3項の規定により学芸員となる資格を有する者にあっては、第6条第2項の規定にかかわらず、選択科目の試験を免除する。

附　則　（昭和41年11月2日文部省令第42号）
　この省令は、公布の日から施行する。

附　則　（昭和42年11月9日文部省令第19号）　抄
（施行期日）
1　この省令は、昭和42年11月10日から施行する。

附　則　（昭和46年6月1日文部省令第22号）
　この省令は、公布の日から施行する。

附　則　（昭和47年4月27日文部省令第16号）
　この省令は、公布の日から施行する。

附　則　（昭和50年7月26日文部省令第27号）
　この省令は、公布の日から施行する。

附　則　（昭和56年3月23日文部省令第8号）
　この省令は、昭和56年4月1日から施行する。

附　則　（昭和58年5月10日文部省令第21号）
　この省令は、公布の日から施行する。

附　則　（昭和59年3月23日文部省令第2号）
　この省令は、昭和59年4月1日から施行する。

附　則　（昭和62年3月28日文部省令第4号）
　この省令は、昭和62年4月1日から施行する。

附　則　（平成元年3月29日文部省令第8号）
　この省令は、平成元年4月1日から施行する。

附　則　（平成元年4月1日文部省令第18号）
　この省令は、公布の日から施行する。

附　則　（平成3年3月16日文部省令第3号）

この省令は、平成3年4月1日から施行する。
附　則　（平成3年6月19日文部省令第31号）
　この省令は、平成3年7月1日から施行する。
附　則　（平成5年4月23日文部省令第24号）
1　この省令は、公布の日から施行する。
2　この省令による改正後の学位規則第102条の規定にかかわらず、同条に規定する報告の様式については、平成6年3月31日までの間は、なお従前の例によることができる。
附　則　（平成6年3月22日文部省令第4号）
　この省令は、平成6年4月1日から施行する。
附　則　（平成8年8月28日文部省令第28号）
1　この省令は、平成9年4月1日から施行する。
2　この省令の施行の日前に、改正前の博物館法施行令規則（以下「旧規則」という。）第1条第1項に規定する科目の単位の全部を修得した者は、改正後の博物館法施行規則（以下「新規則」という。）第1条に規定する科目の単位の全部を修得したものとみなす。
3　この省令の施行の日前に、次の表の上欄に掲げる旧規則第1条第1項に規定する試験科目の単位を修得した者は、下欄に掲げる新規則第1条に規定する科目の単位を修得したものとみなす。

　社会教育概論1単位　　生涯学習概論1単位
　　　　　　　　　　　博物館概論2単位
　博物館学4単位　　　　博物館経営論2単位
　　　　　　　　　　　博物館資料論1単位
　　　　　　　　　　　博物館情報論1単位
　視聴覚教育1単位　　　視聴覚教育メディア論1単位
　教育原理1単位　　　　教育学概論1単位

4　この省令の施行の日前に、次の表の上欄に掲げる旧規則第6条第2項に規定する科目に合格した者は、下欄に掲げる新規則第6条第2項に規定する科目に合格したものとみなす。

　社会教育概論　　生涯学習概論
　視聴覚教育　　　視聴覚教育メディア論
　教育原理　　　　教育学概論

附　則　（平成9年3月18日文部省令第1号）
　この省令は、平成9年4月1日から施行する。
附　則　（平成10年12月18日文部省令第45号）

この省令は、公布の日から施行する。
附　　則　（平成 12 年 2 月 29 日文部省令第 7 号）
　　この省令は、平成 12 年 4 月 1 日から施行する。
附　　則　（平成 12 年 10 月 31 日文部省令第 53 号）　抄
（施行期日）
第 1 条　この省令は、内閣法の一部を改正する法律（平成 11 年法律第 88 号）の施行の日（平成 13 年 1 月 6 日）から施行する。
附　　則　（平成 15 年 3 月 28 日文部科学省令第 10 号）
　　この省令は、公布の日から施行する。
附　　則　（平成 15 年 3 月 31 日文部科学省令第 15 号）　抄
（施行期日）
第 1 条　この省令は、平成 15 年 4 月 1 日から施行する。

文化財保護法（抄）

第 1 章　総則
（この法律の目的）
第 1 条　この法律は、文化財を保存し、且つ、その活用を図り、もって国民の文化的向上に資するとともに、世界文化の進歩に貢献することを目的とする。
（文化財の定義）
第 2 条　この法律で「文化財」とは、次に掲げるものをいう。
　一　建造物、絵画、彫刻、工芸品、書跡、典籍、古文書その他の有形の文化的所産で我が国にとって歴史上又は芸術上価値の高いもの（これらのものと一体をなしてその価値を形成している土地その他の物件を含む。）並びに考古資料及びその他の学術上価値の高い歴史資料（以下「有形文化財」という。）
　二　演劇、音楽、工芸技術その他の無形の文化的所産で我が国にとって歴史上又は芸術上価値の高いもの（以下「無形文化財」という。）
　三　衣食住、生業、信仰、年中行事等に関する風俗慣習、民俗芸能及びこれらに用いられる衣服、器具、家屋その他の物件で我が国民の生活の推移の理解のため欠くことのできないもの（以下「民俗文化財」という。）
　四　貝づか、古墳、都城跡、城跡、旧宅その他の遺跡で我が国にとって歴史上又は学術上価値の高いもの、庭園、橋梁、峡谷、海浜、山岳その他の名勝地で我が国にとって芸術上又は観賞上価値の高いもの並びに動物（生息地、繁殖地及び渡来地を含む。）、植物（自生地を含む。）及び地質鉱物（特異な自然の現象の生じている土地を含む。）で我が国にとって学術上価値の高いもの（以下「記念物」という。）

五　周囲の環境と一体をなして歴史的風致を形成している伝統的な建造物群で価値の高いもの（以下「伝統的建造物群」という。）
2　この法律の規定（第27条から第29条まで、第37条、第55条第1項第4号、第84条の2第1項第1号、第88条、第94条及び第115条の規定を除く。）中「重要文化財」には、国宝を含むものとする。
3　この法律の規定（第69条、第70条、第71条、第77条、第83条第1項第4号、第84条の2第1項第5号及び第6号、第88条並びに第94条の規定を除く。）中「史跡名勝天然記念物」には、特別史跡名勝天然記念物を含むものとする。
（政府及び地方公共団体の任務）
第3条　政府及び地方公共団体は、文化財が我が国の歴史、文化等の正しい理解のため欠くことのできないものであり、且つ、将来の文化の向上発展の基礎をなすものであることを認識し、その保存が適切に行われるように、周到の注意をもってこの法律の趣旨の徹底に努めなければならない。
（国民、所有者等の心構）
第4条　一般国民は、政府及び地方公共団体がこの法律の目的を達成するために行う措置に誠実に協力しなければならない。
2　文化財の所有者その他の関係者は、文化財が貴重な国民的財産であることを自覚し、これを公共のために大切に保存するとともに、できるだけこれを公開する等その文化的活用に努めなければならない。
3　政府及び地方公共団体は、この法律の執行に当って関係者の所有権その他の財産権を尊重しなければならない。

第3章　有形文化財
第1節　重要文化財
第一款　指定
（指定）
第27条　文部科学大臣は、有形文化財のうち重要なものを重要文化財に指定することができる。
2　文部科学大臣は、重要文化財のうち世界文化の見地から価値の高いもので、たぐいない国民の宝たるものを国宝に指定することができる。
（告示、通知及び指定書の交付）
第28条　前条の規定による指定は、その旨を官報で告示するとともに、当該国宝又は重要文化財の所有者に通知してする。
2　前条の規定による指定は、前項の規定による官報の告示があった日からその

効力を生ずる。但し、当該国宝又は重要文化財の所有者に対しては、同項の規定による通知が当該所有者に到達した時からその効力を生ずる。
3 　前条の規定による指定をしたときは、文部科学大臣は、当該国宝又は重要文化財の所有者に指定書を交付しなければならない。
4 　指定書に記載すべき事項その他指定書に関し必要な事項は、文部科学省令で定める。
5 　第3項の規定により国宝の指定書の交付を受けたときは、所有者は、30日以内に国宝に指定された重要文化財の指定書を文部科学大臣に返付しなければならない。

（解除）

第29条　国宝又は重要文化財が国宝又は重要文化財としての価値を失った場合その他特殊の事由があるときは、文部科学大臣は、国宝又は重要文化財の指定を解除することができる。
2 　前項の規定による指定の解除は、その旨を官報で告示するとともに、当該国宝又は重要文化財の所有者に通知してする。
3 　第1項の規定による指定の解除には、前条第2項の規定を準用する。
4 　第2項の通知を受けたときは、所有者は、30日以内に指定書を文部科学大臣に返付しなければならない。
5 　第1項の規定により国宝の指定を解除した場合において当該有形文化財につき重要文化財の指定を解除しないときは、文部科学大臣は、直ちに重要文化財の指定書を所有者に交付しなければならない。

第二款　管理

（管理方法の指示）

第30条　文化庁長官は、重要文化財の所有者に対し、重要文化財の管理に関し必要な指示をすることができる。

（所有者の管理義務及び管理責任者）

第31条　重要文化財の所有者は、この法律並びにこれに基いて発する文部科学省令及び文化庁長官の指示に従い、重要文化財を管理しなければならない。
2 　重要文化財の所有者は、特別の事情があるときは、適当な者をもっぱら自己に代り当該重要文化財の管理の責に任ずべき者（以下この節及び第6章において「管理責任者」という。）に選任することができる。
3 　前項の規定により管理責任者を選任したときは、重要文化財の所有者は、文部科学省令の定める事項を記載した書面をもって、当該管理責任者と連署の上20日以内に文化庁長官に届け出なければならない。管理責任者を解任した場合も同様とする。

4　管理責任者には、前条及び第1項の規定を準用する。
（所有者又は管理責任者の変更）
第32条　重要文化財の所有者が変更したときは、新所有者は、文部科学省令の定める事項を記載した書面をもって、且つ、旧所有者に対し交付された指定書を添えて、20日以内に文化庁長官に届け出なければならない。
2　重要文化財の所有者は、管理責任者を変更したときは、文部科学省令の定める事項を記載した書面をもって、新管理責任者と連署の上20日以内に文化庁長官に届け出なければならない。この場合には、前条第3項の規定は、適用しない。
3　重要文化財の所有者又は管理責任者は、その氏名若しくは名称又は住所を変更したときは、文部科学省令の定める事項を記載した書面をもって、20日以内に文化庁長官に届け出なければならない。氏名若しくは名称又は住所の変更が重要文化財の所有者に係るときは、届出の際指定書を添えなければならない。
（管理団体による管理）
第32条の2　重要文化財につき、所有者が判明しない場合又は所有者若しくは管理責任者による管理が著しく困難若しくは不適当であると明らかに認められる場合には、文化庁長官は、適当な地方公共団体その他の法人を指定して、当該重要文化財の保有のため必要な管理（当該重要文化財の保有のため必要な施設、設備その他の物件で当該重要文化財の所有者の所有又は管理に属するものの管理を含む。）を行わせることができる。
2　前項の規定による指定をするには、文化庁長官は、あらかじめ、当該重要文化財の所有者（所有者が判明しない場合を除く。）及び権原に基く占有者並びに指定しようとする地方公共団体その他の法人の同意を得なければならない。
3　第1項の規定による指定は、その旨を官報で告示するとともに、前項に規定する所有者、占有者及び地方公共団体その他の法人に通知してする。
4　第1項の規定による指定には、第28条第2項の規定を準用する。
5　重要文化財の所有者又は占有者は、正当な理由がなくて、第1項の規定による指定を受けた地方公共団体その他の法人（以下この節及び第6章において「管理団体」という。）が行う管理又はその管理のため必要な措置を拒み、妨げ、又は忌避してはならない。
6　管理団体には、第30条及び第31条第1項の規定を準用する。
第32条の3　前条第1項に規定する事由が消滅した場合その他特殊の事由があるときは、文化庁長官は、管理団体の指定を解除することができる。
2　前項の規定による解除には、前条第3項及び第28条第2項の規定を準用す

る。

第32条の4　管理団体が行う管理に要する費用は、この法律に特別の定のある場合を除いて、管理団体の負担とする。

2　前項の規定は、管理団体と所有者との協議により、管理団体が行う管理により所有者の受ける利益の限度において、管理に要する費用の一部を所有者の負担とすることを妨げるものではない。

（滅失、き損等）

第33条　重要文化財の全部又は一部が滅失し、若しくはき損し、又はこれを亡失し、若しくは盗み取られたときは、所有者（管理責任者又は管理団体がある場合は、その者）は、文部科学省令の定める事項を記載した書面をもって、その事実を知った日から10日以内に文化庁長官に届け出なければならない。

（所在の変更）

第34条　重要文化財の所在の場所を変更しようとするときは、重要文化財の所有者（管理責任者又は管理団体がある場合は、その者）は、文部科学省令の定める事項を記載した書面をもって、且つ、指定書を添えて、所在の場所を変更しようとする日の20日前までに文化庁長官に届け出なければならない。但し、文部科学省令の定める場合には、届出を要せず、若しくは届出の際指定書の添附を要せず、又は文部科学省令の定めるところにより所在の場所を変更した後届け出ることをもって足りる。

第三款　保護

（修理）

第34条の2　重要文化財の修理は、所有者が行うものとする。但し、管理団体がある場合は、管理団体が行うものとする。

（管理団体による修理）

第34条の3　管理団体が修理を行う場合は、管理団体は、あらかじめ、その修理の方法及び時期について当該重要文化財の所有者（所有者が判明しない場合を除く。）及び権原に基く占有者の意見を聞かなければならない。

2　管理団体が修理を行う場合には、第32条の2第5項及び第32条の4の規定を準用する。

（管理又は修理の補助）

第35条　重要文化財の管理又は修理につき多額の経費を要し、重要文化財の所有者又は管理団体がその負担に堪えない場合その他特別の事情がある場合には、政府は、その経費の一部に充てさせるため、重要文化財の所有者又は管理団体に対し補助金を交付することができる。

2　前項の補助金を交付する場合には、文化庁長官は、その補助の条件として管

理又は修理に関し必要な事項を指示することができる。
3　文化庁長官は、必要があると認めるときは、第1項の補助金を交付する重要文化財の管理又は修理について指揮監督することができる。
（管理に関する命令又は勧告）
第36条　重要文化財を管理する者が不適任なため又は管理が適当でないため重要文化財が滅失し、き損し、又は盗み取られる虞があると認めるときは、文化庁長官は、所有者、管理責任者又は管理団体に対し、重要文化財の管理をする者の選任又は変更、管理方法の改善、防火施設その他の保存施設の設置その他管理に関し必要な措置を命じ、又は勧告することができる。
2　前項の規定による命令又は勧告に基いてする措置のために要する費用は、文部科学省令の定めるところにより、その全部又は一部を国庫の負担とすることができる。
3　前項の規定により国庫が費用の全部又は一部を負担する場合には、前条第3項の規定を準用する。
（修理に関する命令又は勧告）
第37条　文化庁長官は、国宝がき損している場合において、その保存のため必要があると認めるときは、所有者又は管理団体に対し、その修理について必要な命令又は勧告をすることができる。
2　文化庁長官は、国宝以外の重要文化財がき損している場合において、その保存のため必要があると認めるときは、所有者又は管理団体に対し、その修理について必要な勧告をすることができる。
3　前2項の規定による命令又は勧告に基いてする修理のために要する費用は、文部科学省令の定めるところにより、その全部又は一部を国庫の負担とすることができる。
4　前項の規定により国庫が費用の全部又は一部を負担する場合には、第35条第3項の規定を準用する。
（文化庁長官による国宝の修理等の施行）
第38条　文化庁長官は、左の各号の一に該当する場合においては、国宝につき自ら修理を行い、又は滅失、き損若しくは盗難の防止の措置をすることができる。
　一　所有者、管理責任者又は管理団体が前2条の規定による命令に従わないとき。
　二　国宝がき損している場合又は滅失し、き損し、若しくは盗み取られる虞がある場合において、所有者、管理責任者又は管理団体に修理又は滅失、き損若しくは盗難の防止の措置をさせることが適当でないと認められるとき。

2　前項の規定による修理又は措置をしようとするときは、文化庁長官は、あらかじめ、所有者、管理責任者又は管理団体に対し、当該国宝の名称、修理又は措置の内容、着手の時期その他必要と認める事項を記載した令書を交付するとともに、権原に基く占有者にこれらの事項を通知しなければならない。

第39条　文化庁長官は、前条第1項の規定による修理又は措置をするときは、文化庁の職員のうちから、当該修理又は措置の施行及び当該国宝の管理の責に任ずべき者を定めなければならない。

2　前項の規定により責に任ずべき者と定められた者は、当該修理又は措置の施行に当るときは、その身分を証明する証票を携帯し、関係者の請求があったときは、これを示し、且つ、その正当な意見を十分に尊重しなければならない。

3　前条第1項の規定による修理又は措置の施行には、第32条の2第5項の規定を準用する。

第40条　第38条第1項の規定による修理又は措置のために要する費用は、国庫の負担とする。

2　文化庁長官は、文部科学省令の定めるところにより、第38条第1項の規定による修理又は措置のために要した費用の一部を所有者（管理団体がある場合は、その者）から徴収することができる。但し、同条第1項第2号の場合には、修理又は措置を要するに至った事由が所有者、管理責任者若しくは管理団体の責に帰すべきとき、又は所有者若しくは管理団体がその費用の一部を負担する能力があるときに限る。

3　前項の規定による徴収については、行政代執行法（昭和23年法律第43号）第5条及び第6条の規定を準用する。

第41条　第38条第1項の規定による修理又は措置によって損失を受けた者に対しては、国は、その通常生ずべき損失を補償する。

2　前項の補償の額は、文化庁長官が決定する。

3　前項の規定による補償額に不服のある者は、訴をもってその増額を請求することができる。但し、前項の補償の決定の通知を受けた日から3箇月を経過したときは、この限りでない。

4　前項の訴えにおいては、国を被告とする。

（補償等に係る重要文化財譲渡の場合の納付金）

第42条　国が修理又は滅失、き損若しくは盗難の防止の措置（以下この条において、「修理等」という。）につき第35条第1項の規定により補助金を交付し、又は第36条第2項、第37条第3項若しくは第40条第1項の規定により費用を負担した重要文化財のその当時における所有者又はその相続人、受遺者若しくは受贈者（第二次以下の相続人、受遺者又は受贈者を含む。以下この条にお

いて同じ。)(以下この条において、「所有者等」という。)は、補助又は費用負担に係る修理等が行われた後当該重要文化財を有償で譲り渡した場合においては、当該補助金又は負担金の額（第40条第1項の規定による負担金については、同条第2項の規定により所有者から徴収した部分を控除した額をいう。以下この条において同じ。）の合計額から当該修理等が行われた後重要文化財の修理等のため自己の費した金額を控除して得た金額（以下この条において、「納付金額」という。）を、文部科学省令の定めるところにより国庫に納付しなければならない。

2　前項に規定する「補助金又は負担金の額」とは、補助金又は負担金の額を、補助又は費用負担に係る修理等を施した重要文化財又はその部分につき文化庁長官が個別的に定める耐用年数で除して得た金額に、更に当該耐用年数から修理等を行った時以後重要文化財の譲渡の時までの年数を控除した残余の年数（1年に満たない部分があるときは、これを切り捨てる。）を乗じて得た金額に相当する金額とする。

3　補助又は費用負担に係る修理等が行われた後、当該重要文化財が所有者等の責に帰することのできない事由により著しくその価値を減じた場合又は当該重要文化財を国に譲り渡した場合には、文化庁長官は、納付金額の全部又は一部の納付を免除することができる。

4　文化庁長官の指定する期限までに納付金額を完納しないときは、国税滞納処分の例により、これを徴収することができる。この場合における徴収金の先取特権の順位は、国税及び地方税に次ぐものとする。

5　納付金額を納付する者が相続人、受遺者又は受贈者であるときは、第一号に定める相続税額又は贈与税額と第二号に定める額との差額に相当する金額を第三号に定める年数で除して得た金額に第四号に定める年数を乗じて得た金額をその者が納付すべき納付金額から控除するものとする。

　一　当該重要文化財の取得につきその者が納付した、又は納付すべき相続税額又は贈与税額
　二　前号の相続税額又は贈与税額の計算の基礎となった課税価格に算入された当該重要文化財又はその部分につき当該相続、遺贈又は贈与の時までに行った修理等に係る第1項の補助金又は負担金の額の合計額を当該課税価格から控除して得た金額を課税価格として計算した場合に当該重要文化財又はその部分につき納付すべきこととなる相続税額又は贈与税額に相当する額
　三　第2項の規定により当該重要文化財又はその部分につき文化庁長官が定めた耐用年数から当該重要文化財又はその部分の修理等を行った時以後当該重要文化財の相続、遺贈又は贈与の時までの年数を控除した残余の年数（1年

に満たない部分があるときは、これを切り捨てる。）
　　四　第2項に規定する当該重要文化財又はその部分についての残余の耐用年数
6　前項第二号に掲げる第1項の補助金又は負担金の額については、第2項の規定を準用する。この場合において、同項中「譲渡の時」とあるのは、「相続、遺贈又は贈与の時」と読み替えるものとする。
7　第1項の規定により納付金額を納付する者の同項に規定する譲渡に係る所得税法（昭和40年法律第33号）第33条第1項に規定する譲渡所得の金額の計算については、第1項の規定により納付する金額は、同条第3項に規定する資産の譲渡に要した費用とする。
　（現状変更等の制限）
第43条　重要文化財に関しその現状を変更し、又はその保存に影響を及ぼす行為をしようとするときは、文化庁長官の許可を受けなければならない。ただし、現状の変更については維持の措置又は非常災害のために必要な応急措置を執る場合、保存に影響を及ぼす行為については影響の軽微である場合は、この限りではない。
2　前項但書に規定する維持の措置の範囲は、文部科学省令で定める。
3　文化庁長官は、第1項の許可を与える場合において、その許可の条件として同項の現状の変更又は保存に影響を及ぼす行為に関し必要な指示をすることができる。
4　第1項の許可を受けた者が前項の許可の条件に従わなかったときは、文化庁長官は、許可に係る現状の変更若しくは保存に影響を及ぼす行為の停止を命じ、又は許可を取り消すことができる。
5　第1項の許可を受けることができなかったことにより、又は第3項の許可の条件を付せられたことによって損失を受けた者に対しては、国は、その通常生ずべき損失を補償する。
6　前項の場合には、第41条第2項から第4項までの規定を準用する。
　（修理の届出等）
第43条の2　重要文化財を修理しようとするときは、所有者又は管理団体は、修理に着手しようとする日の30日前までに、文部科学省令の定めるところにより、文化庁長官にその旨を届け出なければならない。但し、前条第1項の規定により許可を受けなければならない場合その他文部科学省令の定める場合は、この限りでない。
2　重要文化財の保護上必要があると認めるときは、文化庁長官は、前項の届出に係る重要文化財の修理に関し技術的な指導と助言を与えることができる。
　（輸出の禁止）

第44条　重要文化財は、輸出してはならない。但し、文化庁長官が文化の国際的交流その他の事由により特に必要と認めて許可した場合は、この限りでない。

（環境保全）

第45条　文化庁長官は、重要文化財の保存のため必要があると認めるときは、地域を定めて一定の行為を制限し、若しくは禁止し、又は必要な施設をすることを命ずることができる。

2　前項の規定による処分によって損失を受けた者に対しては、国は、その通常生ずべき損失を補償する。

3　前項の場合には、第41条第2項から第4項までの規定を準用する。

（国に対する売渡しの申出）

第46条　重要文化財を有償で譲り渡そうとする者は、譲渡の相手方、予定対価の額（予定対価が金銭以外のものであるときは、これを時価を基準として金銭に見積った額。以下同じ。）その他文部科学省令で定める事項を記載して書面をもって、まず文化庁長官に国に対する売渡しの申出をしなければならない。

2　前項の書面においては、当該相手方に対して譲り渡したい事情を記載することができる。

3　文化庁長官は、前項の規定により記載された事情を相当と認めるときは、当該申出のあった後30日以内に当該重要文化財を買い取らない旨の通知をするものとする。

4　第1項の規定により売渡しの申出のあった後30日以内に文化庁長官が当該重要文化財を国において買い取るべき旨の通知をしたときは、第1項の規定による申出書に記載された予定対価の額に相当する代金で、売買が成立したものとみなす。

5　第1項に規定する者は、前項の期間（その期間内に文化庁長官が当該重要文化財を買い取らない旨の通知をしたときは、その時までの期間）内は、当該重要文化財を譲り渡してはならない。

（管理団体による買取りの補助）

第46条の2　国は、管理団体である地方公共団体その他の法人が、その管理に係る重要文化財（建造物その他の土地の定着物及びこれと一体のものとして当該重要文化財に指定された土地に限る。）で、その保存のため特に買い取る必要があると認められるものを買い取る場合には、その買取りに要する経費の一部を補助することができる。

2　前項の場合には、第35条第2項及び第3項並びに第42条の規定を準用する。

（管理又は修理の受託又は技術的指導）

第47条　重要文化財の所有者（管理団体がある場合は、その者）は、文化庁長官の定める条件により、文化庁長官に重要文化財の管理（管理団体がある場合を除く。）又は修理を委託することができる。

2　文化庁長官は、重要文化財の保存上必要があると認めるときは、所有者（管理団体がある場合は、その者）に対し、条件を示して、文化庁長官にその管理（管理団体がある場合を除く。）又は修理を委託するように勧告することができる。

3　前2項の規定により文化庁長官が管理又は修理の委託を受けた場合には、第39条第1項及び第2項の規定を準用する。

4　重要文化財の所有者、管理責任者又は管理団体は、文部科学省令の定めるところにより、文化庁長官に重要文化財の管理又は修理に関し技術的指導を求めることができる。

第四款　公開

（公開）

第47条の2　重要文化財の公開は、所有者が行うものとする。但し、管理団体がある場合は、管理団体が行うものとする。

2　前項の規定は、所有者又は管理団体の出品に係る重要文化財を、所有者及び管理団体以外の者が、この法律の規定により行う公開の用に供することを妨げるものではない。

3　管理団体は、その管理する重要文化財を公開する場合には、当該重要文化財につき観覧料を徴収することができる。

（文化庁長官による公開）

第48条　文化庁長官は、重要文化財の所有者（管理団体がある場合は、その者）に対し、1年以内の期間を限って、国立博物館（独立行政法人国立博物館が設置する博物館をいう。以下この条において同じ。）その他の施設において文化庁長官の行う公開の用に供するため重要文化財を出品することを勧告することができる。

2　文化庁長官は、国庫が管理又は修理につき、その費用の全部若しくは一部を負担し、又は補助金を交付した重要文化財の所有者（管理団体がある場合は、その者）に対し、1年以内の期間を限って、国立博物館その他の施設において文化庁長官の行う公開の用に供するため当該重要文化財を出品することを命ずることができる。

3　文化庁長官は、前項の場合において必要があると認めるときは、1年以内の期間を限って、出品の期間を更新することができる。但し、引き続き5年をこ

えてはならない。
4 第2項の命令又は前項の更新があったときは、重要文化財の所有者又は管理団体は、その重要文化財を出品しなければならない。
5 前4項に規定する場合の外、文化庁長官は、重要文化財の所有者（管理団体がある場合は、その者）から国立博物館その他の施設において文化庁長官の行う公開の用に供するため重要文化財を出品したい旨の申出があった場合において適当と認めるときは、その出品を承認することができる。

第49条 文化庁長官は、前条の規定により重要文化財が出品されたときは、第100条に規定する場合を除いて、文化庁の職員のうちから、その重要文化財の管理の責に任ずべき者を定めなければならない。

第50条 第48条の規定による出品のために要する費用は、文部科学省令の定める基準により、国庫の負担とする。
2 政府は、第48条の規定により出品した所有者又は管理団体に対し、文部科学省令の定める基準により、給与金を支給する。

（所有者等による公開）

第51条 文化庁長官は、重要文化財の所有者又は管理団体に対し、3箇月以内の期間を限って、重要文化財の公開を勧告することができる。
2 文化庁長官は、国庫が管理、修理又は買取りにつき、その費用の全部若しくは一部を負担し、又は補助金を交付した重要文化財の所有者又は管理団体に対し、3箇月以内の期間を限って、その公開を命ずることができる。
3 前項の場合には、第48条第4項の規定を準用する。
4 文化庁長官は、重要文化財の所有者又は管理団体に対し、前3項の規定による公開及び当該公開に係る重要文化財の管理に関し必要な指示をすることができる。
5 重要文化財の所有者、管理責任者又は管理団体が前項の指示に従わない場合には、文化庁長官は、公開の停止又は中止を命ずることができる。
6 第2項及び第3項の規定による公開のために要する費用は、文部科学省令の定めるところにより、その全部又は一部を国庫の負担とすることができる。
7 前項に規定する場合のほか、重要文化財の所有者又は管理団体がその所有又は管理に係る重要文化財を公開するために要する費用は、文部科学省令で定めるところにより、その全部又は一部を国庫の負担とすることができる。

第51条の2 前条の規定による公開の場合を除き、重要文化財の所在の場所を変更してこれを公衆の観覧に供するため第34条の規定による届出があった場合には、前条第4項及び第5項の規定を準用する。

（損失の補償）

第 52 条　第 48 条又は第 51 条第 1 項、第 2 項若しくは第 3 項の規定により出品し、又は公開したことに起因して当該重要文化財が滅失し、又はき損したときは、国は、その重要文化財の所有者に対し、その通常生ずべき損失を補償する。ただし、重要文化財が所有者、管理責任者又は管理団体の責に帰すべき事由によって滅失し、又はき損した場合は、この限りでない。

2　前項の場合には、第 41 条第 2 項から第 4 項までの規定を準用する。

（所有者等以外の者による公開）

第 53 条　重要文化財の所有者及び管理団体以外の者がその主催する展覧会その他の催しにおいて重要文化財を公衆の観覧に供しようとするときは、文化庁長官の許可を受けなければならない。ただし、文化庁長官以外の国の機関若しくは地方公共団体があらかじめ文化庁長官の承認を受けた博物館その他の施設（以下この項において「公開承認施設」という。）において展覧会その他の催しを主催する場合又は公開承認施設の設置者が当該公開承認施設においてこれらを主催する場合は、この限りでない。

2　前項ただし書の場合においては、同項に規定する催しを主催した者（文化庁長官を除く）は、重要文化財を公衆の観覧に供した期間の最終日の翌日から起算して 20 日以内に、文部科学省令で定める事項を記載した書面をもって、文化庁長官に届け出るものとする。

3　文化庁長官は、第 1 項の許可を与える場合において、その許可の条件として、許可に係る公開及び当該公開に係る重要文化財の管理に関し必要な指示をすることができる。

4　第 1 項の許可を受けた者が前項の許可の条件に従わなかったときは、文化庁長官は、許可に係る公開の停止を命じ、又は許可を取り消すことができる。

第五款　調査

（保存のための調査）

第 54 条　文化庁長官は、必要があると認めるときは、重要文化財の所有者、管理責任者又は管理団体に対し、重要文化財の現状又は管理、修理若しくは環境保全の状況につき報告を求めることができる。

第 55 条　文化庁長官は、次の各号の一に該当する場合において、前条の報告によってもなお重要文化財に関する状況を確認することができず、かつ、その確認のため他に方法がないと認めるときは、調査に当たる者を定め、その所在する場所に立ち入ってその現状又は管理、修理若しくは環境保全の状況につき実地調査をさせることができる。

一　重要文化財に関し現状の変更又は保存に影響を及ぼす行為につき許可の申請があったとき。

二　重要文化財がき損しているとき又はその現状若しくは所在の場所につき変更があったとき。
三　重要文化財が滅失し、き損し、又は盗み取られる虞のあるとき。
四　特別の事情によりあらためて国宝又は重要文化財としての価値を監査する必要があるとき。
2　前項の規定により立ち入り、調査する場合においては、当該調査に当る者は、その身分を証明する証票を携帯し、関係者の請求があったときは、これを示し、且つ、その正当な意見を十分に尊重しなければならない。
3　第1項の規定による調査によって損失を受けた者に対しては、国は、その通常生ずべき損失を補償する。
4　前項の場合には、第41条第2項から第4項までの規定を準用する。

第六款　雑則
（所有者変更等に伴う権利義務の承継）
第56条　重要文化財の所有者が変更したときは、新所有者は、当該重要文化財に関しこの法律に基いてする文化庁長官の命令、勧告、指示その他の処分による旧所有者の権利義務を承継する。
2　前項の場合には、旧所有者は、当該重要文化財の引渡と同時にその指定書を新所有者に引き渡さなければならない。
3　管理団体が指定され、又はその指定が解除された場合には、第1項の規定を準用する。但し、管理団体が指定された場合には、もっぱら所有者に属すべき権利義務については、この限りでない。

第4章　埋蔵文化財
（調査のための発掘に関する届出、指示及び命令）
第57条　土地に埋蔵されている文化財（以下「埋蔵文化財」という。）について、その調査のため土地を発掘しようとする者は、文部科学省令の定める事項を記載した書面をもって、発掘に着手しようとする日の30日前までに文化庁長官に届け出なければならない。ただし、文部科学省令の定める場合は、この限りでない。
2　埋蔵文化財の保護上特に必要があると認めるときは、文化庁長官は、前項の届出に係る発掘に関し必要な事項及び報告書の提出を指示し、又はその発掘の禁止、停止若しくは中止を命ずることができる。
（土木工事等のための発掘に関する届出及び指示）
第57条の2　土木工事その他埋蔵文化財の調査以外の目的で、貝づか、古墳その他埋蔵文化財を包蔵する土地として周知されている土地（以下「周知の埋蔵

文化財包蔵地」という。）を発掘しようとする場合には、前条第1項の規定を準用する。この場合において、同項中「30日前」とあるのは、「60日前」と読み替えるものとする。
2　埋蔵文化財の保護上特に必要があると認めるときは、文化庁長官は、前項で準用する前条第1項の届出に係る発掘に関し、当該発掘前における埋蔵文化財の記録の作成のための発掘調査の実施その他の必要な事項を指示することができる。

（国の機関等が行う発掘に関する特例）

第57条の3　国の機関、地方公共団体又は国若しくは地方公共団体の設立に係る法人で政令の定めるもの（以下この条及び第57条の6において「国の機関等」と総称する。）が、前条第1項に規定する目的で周知の埋蔵文化財包蔵地を発掘しようとする場合においては、同条の規定を適用しないものとし、当該国の機関等は、当該発掘に係る事業計画の策定に当たって、あらかじめ、文化庁長官にその旨を通知しなければならない。
2　文化庁長官は、前項の通知を受けた場合において、埋蔵文化財の保護上特に必要があると認めるときは、当該国の機関等に対し、当該事業計画の策定及びその実施について協議を求めるべき旨の通知をすることができる。
3　前項の通知を受けた国の機関等は、当該事業計画の策定及びその実施について、文化庁長官に協議しなければならない。
4　文化庁長官は、前2項の場合を除き、第1項の通知があった場合において、当該通知に係る事業計画の実施に関し、埋蔵文化財の保護上必要な勧告をすることができる。
5　前4項の場合において、当該国の機関等が各省各庁の長（国有財産法（昭和23年法律第73号）第4条第2項に規定する各省各庁の長をいう。以下同じ。）であるときは、これらの規定に規定する通知、協議又は勧告は、文部科学大臣を通じて行うものとする。

（埋蔵文化財包蔵地の周知）

第57条の4　国及び地方公共団体は、周知の埋蔵文化財包蔵地について、資料の整備その他その周知の徹底を図るために必要な措置の実施に努めなければならない。
2　国は、地方公共団体が行う前項の措置に関し、指導、助言その他必要と認められる援助をすることができる。

（遺跡の発見に関する届出、停止命令等）

第57条の5　土地の所有者又は占有者が出土品の出土等により貝づか、住居跡、古墳その他遺跡と認められるものを発見したときは、第57条第1項の規定に

よる調査に当たって発見した場合を除き、その現状を変更することなく、遅滞なく、文部科学省令の定める事項を記載した書面をもって、その旨を文化庁長官に届け出なければならない。ただし、非常災害のために必要な応急措置を執る場合は、その限度において、その現状を変更することを妨げない。

2　文化庁長官は、前項の届出があった場合において、当該届出に係る遺跡が重要なものであり、かつ、その保護のため調査を行う必要があると認めるときは、その土地の所有者又は占有者に対し、期間及び区域を定めて、その現状を変更することとなるような行為の停止又は禁止を命ずることができる。ただし、その期間は、3箇月を超えることができない。

3　文化庁長官は、前項の命令をしようとするときは、あらかじめ、関係地方公共団体の意見を聴かなければならない。

4　第2項の命令は、第1項の届出があった日から起算して1箇月以内にしなければならない。

5　第2項の場合において、同項の期間内に調査が完了せず、引き続き調査を行う必要があるときは、文化庁長官は、1回に限り、当該命令に係る区域の全部又は一部について、その期間を延長することができる。ただし、当該命令の期間が、同項の期間と通算して6箇月を超えることとなってはならない。

6　第2項及び前項の期間を計算する場合においては、第1項の届出があった日から起算して第2項の命令を発した日までの期間が含まれるものとする。

7　文化庁長官は、第1項の届出がなされなかった場合においても、第2項及び第5項に規定する措置を執ることができる。

8　文化庁長官は、第2項の措置を執った場合を除き、第1項の届出がなされた場合には、当該遺跡の保護上必要な指示をすることができる。前項の規定により第2項の措置を執った場合を除き、第1項の届出がなされなかったときも、同様とする。

9　第2項の命令によって損失を受けた者に対しては、国は、その通常生ずべき損失を補償する。

10　前項の場合には、第41条第2項から第4項までの規定を準用する。

（国の機関等の遺跡の発見に関する特例）

第57条の6　国の機関等が前条第1項に規定する発見をしたときは、同条の規定を適用しないものとし、第57条第1項又は第58条の2第1項の規定による調査に当たって発見した場合を除き、その現状を変更することなく、遅滞なく、その旨を文化庁長官に通知しなければならない。ただし、非常災害のために必要な応急措置を執る場合は、その限度において、その現状を変更することを妨げない。

2　文化庁長官は、前項の通知を受けた場合において、当該通知に係る遺跡が重要なものであり、かつ、その保護のため調査を行う必要があると認めるときは、当該国の機関等に対し、その調査、保存等について協議を求めるべき旨の通知をすることができる。

3　前項の通知を受けた国の機関等は、文化庁長官に協議しなければならない。

4　文化庁長官は、前2項の場合を除き、第1項の通知があった場合において、当該遺跡の保護上必要な勧告をすることができる。

5　前4項の場合には、第57条の3第5項の規定を準用する。

（文化庁長官による発掘の施行）

第58条　文化庁長官は、歴史上又は学術上の価値が特に高く、かつ、その調査が技術的に困難なため国において調査する必要があると認められる埋蔵文化財については、その調査のため土地の発掘を施行することができる。

2　前項の規定により発掘を施行しようとするときは、文化庁長官は、あらかじめ、当該土地の所有者及び権原に基づく占有者に対し、発掘の目的、方法、着手の時期その他必要と認める事項を記載した令書を交付しなければならない。

3　第1項の場合には、第39条（同条第3項において準用する第32条の2第5項の規定を含む。）及び第41条の規定を準用する。

（地方公共団体による発掘の施行）

第58条の2　地方公共団体は、文化庁長官が前条第1項の規定により発掘を施行するものを除き、埋蔵文化財について調査する必要があると認めるときは、埋蔵文化財を包蔵すると認められる土地の発掘を施行することができる。

2　前項の規定により発掘を施行しようとする場合において、その発掘を施行しようとする土地が国の所有に属し、又は国の機関の占有するものであるときは、教育委員会は、あらかじめ、発掘の目的、方法、着手の時期その他必要と認める事項につき、関係各省各庁の長その他の国の機関と協議しなければならない。

3　地方公共団体は、第1項の発掘に関し、事業者に対し協力を求めることができる。

4　文化庁長官は、地方公共団体に対し、第1項の発掘に関し必要な指導及び助言をすることができる。

5　国は、地方公共団体に対し、第1項の発掘に要する経費の一部を補助することができる。

（返還又は通知等）

第59条　第58条第1項の規定による発掘により文化財を発見した場合において、文化庁長官は、当該文化財の所有者が判明しているときはこれを所有者に

返還し、所有者が判明しないときは、遺失物法（明治32年法律第87号）第13条で準用する同法第1条第1項の規定にかかわらず、警察署長にその旨を通知することをもって足りる。
2　前項の規定は、前条第1項の規定による発掘により都道府県又は地方自治法（昭和22年法律第67号）第252条の19第1項の指定都市若しくは同法第252条の22第1項の中核市（以下「指定都市等」という。）の教育委員会が文化財を発見した場合における当該教育委員会について準用する。
3　第1項（前項において準用する場合を含む。）の通知を受けたときは、警察署長は、直ちに当該文化財につき遺失物法第13条において準用する同法第1条第2項の規定による公告をしなければならない。
（提出）
第60条　遺失物法第13条で準用する同法第1条第1項の規定により、埋蔵物として差し出された物件が文化財と認められるときは、警察署長は、直ちに当該物件を当該物件の発見された土地を管轄する都道府県の教育委員会（当該土地が指定都市等の区域内に存する場合にあっては、当該指定都市等の教育委員会。次条において同じ。）に提出しなければならない。ただし、所有者の判明している場合は、この限りでない。
（鑑査）
第61条　前条の規定により物件が提出されたときは、都道府県の教育委員会は、当該物件が文化財であるかどうかを鑑査しなければならない。
2　都道府県の教育委員会は、前項の鑑査の結果当該物件を文化財と認めたときは、その旨を警察署長に通知し、文化財でないと認めたときは、当該物件を警察署長に差し戻さなければならない。
（引渡し）
第62条　第59条第1項に規定する文化財又は同条第2項若しくは前条第2項に規定する文化財の所有者から、警察署長に対し、その文化財の返還の請求があったときは、文化庁長官又は都道府県若しくは指定都市等の教育委員会は、当該警察署長にこれを引き渡さなければならない。
（国庫帰属及び報償金）
第63条　第59条第1項に規定する文化財又は第61条第2項に規定する文化財（国の機関又は独立行政法人国立博物館若しくは独立行政法人文化財研究所が埋蔵文化財の調査のための土地の発掘により発見したものに限る。）で、その所有者が判明しないものの所有権は、国庫に帰属する。この場合においては、文化庁長官は、当該文化財の発見者及びその発見された土地の所有者にその旨を通知し、かつ、その価格の2分の1に相当する額の報償金を支給する。

2　前項の場合には、第41条第2項から第4項までの規定を準用する。
　（都道府県帰属及び報償金）
第63条の2　第59条第2項に規定する文化財又は第61条第2項に規定する文化財（前条第1項に規定するものを除く。）で、その所有者が判明しないものの所有権は、当該文化財の発見された土地を管轄する都道府県に帰属する。この場合においては、当該都道府県の教育委員会は、当該文化財の発見者及びその発見された土地の所有者にその旨を通知し、かつ、その価格に相当する額の報償金を支給する。

2　前項に規定する発見者と土地所有者とが異なるときは、前項の報償金は、折半して支給する。

3　第1項の報償金の額は、当該都道府県の教育委員会が決定する。

4　前項の規定による報償金の額については、第41条第3項の規定を準用する。

5　前項において準用する第41条第3項の規定による訴えにおいては、都道府県を被告とする。

　（譲与等）
第64条　政府は、第63条第1項の規定により国庫に帰属した文化財の保存のため又はその効用から見て国が保有する必要がある場合を除いて、当該文化財の発見された土地の所有者に、その者が同条の規定により受けるべき報償金の額に相当するものの範囲内でこれを譲与することができる。

2　前項の場合には、その譲与した文化財の価格に相当する金額は、第63条に規定する報償金の額から控除するものとする。

3　政府は、第63条第1項の規定により国庫に帰属した文化財の保存のため又はその効用から見て国が保有する必要がある場合を除いて、独立行政法人国立博物館若しくは独立行政法人文化財研究所又は当該文化財の発見された土地を管轄する地方公共団体に対し、その申請に基づき、当該文化財を譲与し、又は時価よりも低い対価で譲渡することができる。

第64条の2　都道府県の教育委員会は、第63条の2第1項の規定により当該都道府県の帰属した文化財の保存のため又はその効用から見て当該都道府県が保有する必要がある場合を除いて、当該文化財の発見者又はその発見された土地の所有者に、その者が同条の規定により受けるべき報償金の額に相当するものの範囲内でこれを譲与することができる。

2　前項の場合には、その譲与した文化財の価格に相当する金額は、第63条の2に規定する報償金の額から控除するものとする。

　（遺失物法の適用）
第65条　埋蔵文化財に関しては、この法律に特別の定のある場合の外、遺失物

法第13条の規定の適用があるものとする。
第66条から第68条まで　削除

第5章の3　文化財の保存技術の保護
（選定保存技術の選定等）
第83条の7　文部科学大臣は、文化財の保存のために欠くことのできない伝統的な技術又は技能で保存の措置を講ずる必要があるものを選定保存技術として選定することができる。
2　文部科学大臣は、前項の規定による選定をするに当たっては、選定保存技術の保持者又は保存団体（選定保存技術を保存することを主たる目的とする団体（財団を含む。）で代表者又は管理人の定めのあるものをいう。以下同じ。）を認定しなければならない。
3　1の選定保存技術についての前項の認定は、保持者と保存団体とを併せてすることができる。
4　第1項の規定による選定及び前2項の規定による認定には、第56条の3第3項から第5項までの規定を準用する。
（選定等の解除）
第83条の8　文部科学大臣は、選定保存技術についての保存の措置を講ずる必要がなくなった場合その他特殊の事由があるときは、その選定を解除することができる。
2　文部科学大臣は、保持者が心身の故障のため保持者として適当でなくなったと認められる場合、保存団体が保存団体として適当でなくなったと認められる場合その他特殊の事由があるときは、保持者又は保存団体の認定を解除することができる。
3　前2項の場合には、第56条の4第3項の規定を準用する。
4　前条第2項の認定が保持者のみについてなされた場合にあってはそのすべてが死亡したとき、同項の認定が保存団体のみについてなされた場合にあってはそのすべてが解散したとき（消滅したときを含む。以下この項において同じ。）、同項の認定が保持者と保存団体とを併せてなされた場合にあっては保持者のすべてが死亡し、かつ保存団体のすべてが解散したときは、選定保存技術の選定は、解除されたものとする。この場合には、文部科学大臣は、その旨を官報で告示しなければならない。
（保持者の氏名変更等）
第83条の9　保持者及び保存団体には、第56条の5の規定を準用する。この場合において、同条後段中「代表者」とあるのは、「代表者又は管理人」と読み

替えるものとする。
　（選定保存技術の保存）
第83条の10　文化庁長官は、選定保存技術の保存のため必要があると認めるときは、選定保存技術について自ら記録を作成し、又は伝承者の養成その他選定保存技術の保存のために必要と認められるものについて適当な措置を執ることができる。
　（選定保存技術の記録の公開）
第83条の11　選定保存技術の記録の所有者には、第56条の19の規定を準用する。
　（選定保存技術の保存に関する援助）
第83条の12　国は、選定保存技術の保持者若しくは保存団体又は地方公共団体その他その保存に当たることを適当と認める者に対し、指導、助言その他の必要と認められる援助をすることができる。
第5章の4　文化審議会への諮問
　（文化審議会への諮問）
第84条　文部科学大臣は、次に掲げる事項については、あらかじめ、文化審議会に諮問しなければならない。
　一　国宝又は重要文化財の指定及びその指定の解除
　一の二　登録有形文化財の登録及びその登録の抹消（第56条の2の3第1項の規定による登録の抹消を除く。）
　二　重要無形文化財の指定及びその指定の解除
　三　重要無形文化財の保持者又は保持団体の認定及びその認定の解除
　四　重要有形民俗文化財又は重要無形民俗文化財の指定及びその指定の解除
　五　特別史跡名勝天然記念物又は史跡名勝天然記念物の指定及びその指定の解除
　六　史跡名勝天然記念物の仮指定の解除
　七　重要伝統的建造物群保存地区の選定及びその選定の解除
　八　選定保存技術の選定及びその選定の解除
　九　選定保存技術の保持者又は保存団体の認定及びその認定の解除
2　文化庁長官は、次に掲げる事項については、あらかじめ、文化審議会に諮問しなければならない。
　一　重要文化財の管理又は国宝の修理に関する命令
　二　文化庁長官による国宝の修理又は滅失、き損若しくは盗難の防止の措置の施行
　三　重要文化財の現状変更又は保存に影響を及ぼす行為の許可

四　重要文化財の環境保全のための制限若しくは禁止又は必要な施設の命令
五　国による重要文化財の買取り
六　重要無形文化財以外の無形文化財のうち文化庁長官が記録を作成すべきもの又は記録の作成等につき補助すべきものの選択
七　重要有形民俗文化財の管理に関する命令
八　重要有形民俗文化財の買取り
九　重要無形民俗文化財以外の無形の民俗文化財のうち文化庁長官が記録を作成すべきもの又は記録の作成等につき補助すべきものの選択
九の二　遺跡の現状変更となる行為についての停止命令又は禁止命令の期間の延長
十　文化庁長官による埋蔵文化財の調査のための発掘の施行
十一　史跡名勝天然記念物の管理又は特別史跡名勝天然記念物の復旧に関する命令
十二　文化庁長官による特別史跡名勝天然記念物の復旧又は滅失、き損、衰亡若しくは盗難の防止の措置の施行
十三　史跡名勝天然記念物の現状変更又は保存に影響を及ぼす行為の許可
十四　史跡名勝天然記念物の環境保全のための制限若しくは禁止又は必要な施設の命令
十五　史跡名勝天然記念物の現状変更若しくは保存に影響を及ぼす行為の許可を受けず、若しくはその許可の条件に従わない場合又は史跡名勝天然記念物の環境保全のための制限若しくは禁止に違反した場合の原状回復の命令
十六　第99条第1項の政令（同項第二号に掲げる事務に係るものに限る。）の制定又は改廃の立案

第6章　補足
第3節　地方公共団体及び教育委員会
（地方公共団体の事務）
第98条　地方公共団体は、文化財の管理、修理、復旧、公開その他その保存及び活用に要する経費につき補助することができる。
2　地方公共団体は、条例の定めるところにより、重要文化財、重要無形文化財、重要有形民俗文化財、重要無形民俗文化財及び史跡名勝天然記念物以外の文化財で当該地方公共団体の区域内に存するもののうち重要なものを指定して、その保存及び活用のため必要な措置を講ずることができる。
3　前項に規定する条例の制定若しくはその改廃又は同項に規定する文化財の指定若しくはその解除を行った場合には、教育委員会は、文部科学省令の定める

ところにより、文化庁長官にその旨を報告しなければならない。
（地方債についての配慮）
第98条の2　地方公共団体が文化財の保存及び活用を図るために行う事業に要する経費に充てるために起こす地方債については、法令の範囲内において、資金事情及び当該地方公共団体の財政状況が許す限り、適切な配慮をするものとする。
（都道府県又は市の教育委員会が処理する事務）
第99条　次に掲げる文化庁長官の権限に属する事務の全部又は一部は、政令で定めるところにより、都道府県又は市の教育委員会が行うこととすることができる。
　一　第35条第3項（第36条第3項（第56条の14、第76条第2項（第95条第5項で準用する場合を含む。）及び第95条第5項で準用する場合を含む。）、第37条第4項（第56条の14及び第77条第3項で準用する場合を含む。）、第46条の2第2項、第56条の6第2項、第56条の9第2項（第56条の21で準用する場合を含む。）、第56条の14、第56条の18第2項、第73条の2、第75条、第81条の2第2項、第95条第5項及び第95条の3第3項で準用する場合を含む。）の規定による指揮監督
　二　第43条又は第80条の規定による現状変更又は保存に影響を及ぼす行為の許可及びその取消し並びにその停止命令（重大な現状変更又は保存に重大な影響を及ぼす行為の許可及びその取消しを除く。）
　三　第51条第5項（第51条の2（第56条の16で準用する場合を含む。）、第56条の15第2項及び第56条の16で準用する場合を含む。）の規定による公開の停止命令
　四　第53条第1項、第3項及び第4項の規定による公開の許可及びその取消し並びに公開の停止命令
　五　第54条（第56条の17及び第95条第5項で準用する場合を含む。）、第55条、第82条（第95条第5項で準用する場合を含む。）又は第83条の規定による調査又は調査のため必要な措置の施行
　六　第57条第1項（第57条の2第1項において準用する場合を含む。）の規定による届出の受理、同条第2項の規定による指示及び命令、第57条の2第2項の規定による指示、第57条の3第1項の規定による通知の受理、同条第2項の規定による通知、同条3項の規定による協議、同条第4項の規定による勧告、第57条の5第1項の規定による届出の受理、同条第2項又は第7項の規定による命令、同条第3項の規定による意見の聴取、同条第5項又は第7項の規定による期間の延長、同条第8項の規定による指示、第57

条の 6 第 1 項の規定による通知の受理、同条第 2 項の規定による通知、同条第 3 項の規定による協議並びに同条第 4 項の規定による勧告

2　都道府県又は市の教育委員会が前項の規定によってした同項第五号に掲げる第 55 条又は第 83 条の規定による立入調査又は調査のための必要な措置の施行については、行政不服審査法による不服申立てをすることができない。

3　都道府県又は市の教育委員会が、第 1 項の規定により、同項第六号に掲げる事務のうち第 57 条の 3 第 1 項から第 4 項まで又は第 57 条の 6 第 1 項から第 4 項までの規定によるものを行う場合には、第 57 条の 3 第 5 項又は第 57 条の 6 第 5 項の規定は適用しない。

4　都道府県又は市の教育委員会が第 1 項の規定によってした次の各号に掲げる事務（当該事務が地方自治法第 2 条第 8 項に規定する自治事務である場合に限る。）により損失を受けた者に対しては、当該各号に定める規定にかかわらず、当該都道府県又は市が、その通常生ずべき損失を補償する。

　一　第 1 項第二号に掲げる第 43 条又は第 80 条の規定による現状変更又は保存に影響を及ぼす行為の許可　第 43 条第 5 項又は第 80 条第 5 項

　二　第 1 項第五号に掲げる第 55 条又は第 83 条の規定による調査又は調査のため必要な措置の施行　第 55 条第 3 項又は第 83 条第 2 項

　三　第 1 項第六号に掲げる第 57 条の 5 第 2 項の規定による命令　同条第 9 項

5　前項の補償の額は、当該都道府県又は市の教育委員会が決定する。

6　前項の規定による補償額については、第 41 条第 3 項の規定を準用する。

7　前項において準用する第 41 条第 3 項の規定による訴えにおいては、都道府県又は市を被告とする。

8　都道府県又は市の教育委員会が第 1 項の規定によってした処分その他公権力の行使に当たる行為のうち地方自治法第 2 条第 9 項第一号に規定する第一号法定受託事務に係るものについての審査請求は、文化庁長官に対してするものとする。

（出品された重要文化財等の管理）

第 100 条　文化庁長官は、政令で定めるところにより、第 48 条（第 56 条の 16 で準用する場合を含む。）の規定により出品された重要文化財又は重要有形民俗文化財の管理の事務の全部又は一部を、都道府県又は指定都市等の教育委員会が行うこととすることができる。

2　前項の規定により、都道府県又は指定都市等の教育委員会が同項の管理の事務を行う場合には、都道府県又は指定都市等の教育委員会は、その職員のうちから、当該重要文化財又は重要有形民俗文化財の管理の責に任ずべき者を定めなければならない。

（修理等の施行の委託）
第101条　文化庁長官は、必要があると認めるときは、第38条第1項又は第93条の規定による国宝の修理又は滅失、き損若しくは盗難の防止の措置の施行、第58条第1項の規定による発掘の施行及び第78条第1項又は第93条の規定による特別史跡名勝天然記念物の復旧又は滅失、き損、衰亡若しくは盗難の防止の措置の施行につき、都道府県の教育委員会に対し、その全部又は一部を委託することができる。
2　都道府県の教育委員会が前項の規定による委託に基き、第38条第1項の規定による修理又は措置の施行の全部又は一部を行う場合には、第39条の規定を、第58条第1項の規定による発掘の施行の全部又は一部を行う場合には、同条第3項で準用する第39条の規定を、第78条第1項の規定による復旧又は措置の施行の全部又は一部を行う場合には、同条第2項で準用する第39条の規定を準用する。
　（重要文化財等の管理等の受託又は技術的指導）
第102条　都道府県の教育委員会は、所有者（管理団体がある場合は、その者）又は管理責任者の求めに応じ、重要文化財、重要有形民俗文化財又は史跡名勝天然記念物の管理（管理団体がある場合を除く。）、修理若しくは復旧につき委託を受け、又は技術的指導をすることができる。
2　都道府県の教育委員会が前項の規定により管理、修理又は復旧の委託を受ける場合には、第39条第1項及び第2項の規定を準用する。
　（書類等の経由）
第103条　この法律の規定による文化財に関し文部科学大臣又は文化庁長官に提出すべき届書その他の書類及び物件の提出は、都道府県の教育委員会を経由すべきものとする。
2　都道府県の教育委員会は、前項に規定する書類及び物件を受理したときは、意見を具してこれを文部科学大臣又は文化庁長官に送付しなければならない。
3　この法律の規定により文化財に関し文部科学大臣又は文化庁長官が発する命令、勧告、指示その他の処分の告知は、都道府県の教育委員会を経由すべきものとする。但し、特に緊急な場合は、この限りでない。
　（文部科学大臣又は文化庁長官に対する意見具申）
第104条　都道府県及び市町村の教育委員会は、当該都道府県又は市町村の区域内に存する文化財の保存及び活用に関し、文部科学大臣又は文化庁長官に対して意見を具申することができる。
　（地方文化財保護審議会）
第105条　都道府県及び市町村の教育委員会に、条例の定めるところにより、地

方文化財保護審議会を置くことができる。
2　地方文化財保護審議会は、都道府県又は市町村の教育委員会の諮問に応じて、文化財の保存及び活用に関する重要事項について調査審議し、並びにこれらの事項に関して当該都道府県又は市町村の教育委員会に建議する。
3　地方文化財保護審議会の組織及び運営に関し必要な事項は、条例で定める。
（文化財保護指導委員）
第105条の2　都道府県の教育委員会に、文化財保護指導委員を置くことができる。
2　文化財保護指導委員は、文化財について、随時、巡視を行い、並びに所有者その他の関係者に対し、文化財の保護に関する指導及び助言をするとともに、地域住民に対し、文化財保護思想について普及活動を行うものとする。
3　文化財保護指導委員は、非常勤とする。
（事務の区分）
第105条の3　第70条第1項及び第2項、第71条第1項並びに第70条第3項及び第71条第4項において準用する第69条第3項及び第4項の規定により都道府県が処理することとされている事務は、地方自治法第2条第9項第一号に規定する第一号法定受託事務とする。

第7章　罰則
（刑罰）
第106条　第44条の規定に違反し、文化庁長官の許可を受けないで重要文化財を輸出した者は、5年以下の懲役若しくは禁錮又は100万円以下の罰金に処する。
第106条の2　第56条の13の2の規定に違反し、文化庁長官の許可を受けないで重要有形民俗文化財を輸出した者は、3年以下の懲役若しくは禁錮又は50万円以下の罰金に処する。
第107条　重要文化財を損壊し、き棄し、又は隠匿した者は、5年以下の懲役若しくは禁錮又は30万円以下の罰金に処する。
2　前項に規定する者が当該重要文化財の所有者であるときは、2年以下の懲役若しくは禁錮又は20万円以下の罰金若しくは科料に処する。
第107条の2　史跡名勝天然記念物の現状を変更し、又はその保存に影響を及ぼす行為をして、これを滅失し、き損し、又は衰亡するに至らしめた者は、5年以下の懲役若しくは禁錮又は30万円以下の罰金に処する。
2　前項に規定する者が当該史跡名勝天然記念物の所有者であるときは、2年以下の懲役若しくは禁錮又は20万円以下の罰金若しくは科料に処する。

第107条の3　次の各号の一に該当する者は、20万円以下の罰金に処する。
　一　第43条又は第80条の規定に違反して、許可を受けず、若しくはその許可の条件に従わないで、重要文化財若しくは史跡名勝天然記念物の現状を変更し、若しくはその保存に影響を及ぼす行為をし、又は文化庁長官若しくはその権限の委任を受けた都道府県若しくは指定都市等の教育委員会の現状の変更若しくは保存に影響を及ぼす行為の停止の命令に従わなかった者
　二　第57条の5第2項の規定に違反して、現状を変更することとなるような行為の停止又は禁止の命令に従わなかった者
第107条の4　次の各号の一に該当する者は、10万円以下の罰金に処する。
　一　第39条第3項（第101条第2項で準用する場合を含む。）で準用する第32条の2第5項の規定に違反して、国宝の修理又は滅失、き損若しくは盗難の防止の措置の施行を拒み、又は妨げた者
　二　第58条第3項（第101条第2項で準用する場合を含む。）で準用する第39条第3項で準用する第32条の2第5項の規定に違反して、発掘の施行を拒み、又は妨げた者
　三　第78条第2項（第101条第2項で準用する場合を含む。）で準用する第39条第3項で準用する第32条の2第5項の規定に違反して、特別史跡名勝天然記念物の復旧又は滅失、き損、衰亡若しくは盗難の防止の措置の施行を拒み、又は妨げた者
第107条の5　法人の代表者又は法人若しくは人の代理人、使用人その他の従業者がその法人又は人の業務又は財産の管理に関して前5条の違反行為をしたときは、その行為者を罰するほか、その法人又は人に対し、各本条の罰金刑を科する。

（行政罰）
第108条　第39条第1項（第47条第3項（第56条の14で準用する場合を含む。）、第78条第2項、第101条第2項又は第102条第2項で準用する場合を含む。）、第49条（第56条の16で準用する場合を含む。）又は第100条第2項に規定する重要文化財、重要有形民俗文化財又は史跡名勝天然記念物の管理、修理又は復旧の施行の責に任ずべき者が怠慢又は重大な過失によりその管理、修理又は復旧に係る重要文化財、重要有形民俗文化財又は史跡名勝天然記念物を滅失し、き損し、衰亡し、又は盗み取られるに至らしめたときは、30万円以下の過料に処する。
第109条　次の各号の一に該当する者は、30万円以下の過料に処する。
　一　正当な理由がなくて、第36条第1項（第56条の14及び第95条第5項で準用する場合を含む。）又は第37条第1項の規定による重要文化財若しくは

重要有形民俗文化財の管理又は国宝の修理に関する文化庁長官の命令に従わなかった者
二　正当な理由がなくて、第76条第1項（第95条第5項で準用する場合を含む。）又は第77条第1項の規定による史跡名勝天然記念物の管理又は特別史跡名勝天然記念物の復旧に関する文化庁長官の命令に従わなかった者

第110条　次の各号の一に該当する者は、10万円以下の過料に処する。
一　正当な理由がなくて、第45条第1項の規定による制限若しくは禁止又は施設の命令に違反した者
二　第46条（第56条の14で準用する場合を含む。）の規定に違反して、文化庁長官に国に対する売渡しの申出をせず、若しくは申出をした後同条第5項（第56条の14で準用する場合を含む。）に規定する期間内に、国以外の者に重要文化財又は重要有形民俗文化財を譲り渡し、又は同条第1項（第56条の14で準用する場合を含む。）の規定による売渡しの申出につき、虚偽の事実を申し立てた者
三　第48条第4項（第51条第3項（第56条の16で準用する場合を含む。）及び第56条の16で準用する場合を含む。）の規定に違反して、出品若しくは公開をせず、又は第51条第5項（第51条の2（第56条の16で準用する場合を含む。）、第56条の15第2項及び第56条の16で準用する場合を含む。）の規定に違反して、公開の停止若しくは中止の命令に従わなかった者
四　第53条第1項、第3項又は第4項の規定に違反して、許可を受けず、若しくはその許可の条件に従わないで重要文化財を公開し、又は文化庁長官若しくはその権限の委任を受けた都道府県若しくは指定都市等の教育委員会の公開の停止の命令に従わなかった者
五　第54条（第56条の17及び第95条第5項で準用する場合を含む。）、第55条、第56条の2の10、第82条（第95条第5項で準用する場合を含む。）又は第83条の規定に違反して、報告をせず、若しくは虚偽の報告をし、又は当該公務員の立入調査若しくは調査のための必要な措置の施行を拒み、妨げ、若しくは忌避した者
六　第57条第2項の規定に違反して、発掘の禁止、停止又は中止の命令に従わなかった者
七　正当な理由がなくて、第81条第1項の規定による制限若しくは禁止又は施設の命令に違反した者

第111条　次の各号の一に該当する者は、5万円以下の過料に処する。
一　第28条第5項、第29条第4項（第56条の11第2項で準用する場合を含む。）、第56条第2項（第56条の17で準用する場合を含む。）、第56条の2

の3第5項又は第56条の2の11の規定に違反して、重要文化財若しくは重要有形民俗文化財の指定書又は登録有形文化財の登録証を文部科学大臣に返付せず、又は新所有者に引き渡さなかった者

二　第31条第3項（第56条の2の4第4項、第56条の12及び第74条第2項で準用する場合を含む。）、第32条（第56条の2の4第4項、第56条の12及び第75条で準用する場合を含む。）、第33条（第56条の12、第73条の2、第75条及び第95条第5項で準用する場合を含む。）、第34条（第56条の12及び第95条第5項で準用する場合を含む。）、第43条の2第1項、第56条の2の5、第56条の2の7第1項、第56条の5、第56条の13第1項、第56条の15第1項本文、第57条第1項、第57条の5第1項、第72条第2項（第75条及び第95条第5項で準用する場合を含む。）又は第80条の3第1項の規定に違反して、届出をせず、又は虚偽の届出をした者

三　第32条の2第5項（第34条の3第2項（第56条の14で準用する場合を含む。）、第56条の2の4第4項、第56条の2の6第2項及び第56条の12で準用する場合を含む。）又は第72条第4項の規定に違反して、管理、修理若しくは復旧又は管理、修理若しくは復旧のため必要な措置を拒み、妨げ、又は忌避した者

附則

（施行期日）

第113条　この法律施行の期日は、公布の日から起算して3箇月をこえない期間内において、政令で定める。

（関係法令の廃止）

第114条　左に掲げる法律、勅令及び政令は、廃止する。

国宝保存法（昭和4年法律第17号）

重要美術品等の保存に関する法律（昭和8年法律第43号）

史跡名勝天然記念物保存法（大正8年法律第44号）

国宝保存法施行令（昭和4年勅令第210号）

史跡名勝天然記念物保存法施行令（大正8年勅令第499号）

国宝保存会官制（昭和4年勅令第211号）

重要美術品等調査審議会令（昭和24年政令第251号）

史跡名勝天然記念物調査会令（昭和24年政令第252号）

（法令廃止に伴う経過規定）

第115条　この法律施行前に行った国宝保存法第1条の規定による国宝の指定（同法第11条第1項の規定により解除された場合を除く。）は、第27条第1項

の規定による重要文化財の指定とみなし、同法第3条又は第4条の規定による許可は、第43条又は第44条の規定による許可とみなす。

2 この法律施行前の国宝の滅失又はき損並びにこの法律施行前に行った国宝保存法第7条第1項の規定による命令及び同法第15条前段の規定により交付した補助金については、同法第7条から第10条まで、第15条後段及び第24条の規定は、なおその効力を有する。この場合において同法第9条第2項中「主務大臣」とあるのは、「文化財保護委員会」と読み替えるものとする。

3 この法律施行前にした行為の処罰については、国宝保存法は、第6条及び第23条の規定を除く外、なおその効力を有する。

4 この法律施行の際現に国宝保存法第1条の規定による国宝を所有している者は、委員会規則の定める事項を記載した書面をもって、この法律施行後3箇月以内に委員会に届け出なければならない。

5 前項の規定による届出があったときは、委員会は、当該所有者に第28条に規定する重要文化財の指定書を交付しなければならない。

6 第4項の規定に違反して、届出をせず、又は虚偽の届出をした者は、5000円以下の過料に処する。

7 この法律施行の際現に国宝保存法第1条の規定による国宝で国の所有に属するものを管理する各省各庁の長は、委員会規則の定める事項を記載した書面をもって、この法律施行後3箇月以内に委員会に通知しなければならない。但し、委員会規則で定める場合は、この限りでない。

8 前項の規定による通知があったときは、委員会は、当該各省各庁の長に第28条に規定する重要文化財の指定書を受付するものとする。

第116条 この法律施行の際現に重要美術品等の保存に関する法律第2条第1項の規定により認定されている物件については、同法は当分の間、なおその効力を有する。この場合において、同法の施行に関する事務は、文化庁長官が行うものとし、同法中「国宝」とあるのは、「文化財保護法ノ規定ニ依ル重要文化財」と、「主務大臣」とあるのは、「文化庁長官」と、「当該物件ヲ国宝保存法第1条ノ規定ニ依リテ国宝トシテ指定シ又ハ前条」とあるのは、「前条」と読み替えるものとする。

2 文化審議会は、当分の間、文化庁長官の諮問に応じて重要美術品等の保存に関する法律第2条第1項の規定による認定の取消しに関する事項を調査審議し、及びこれに関し必要と認める事項を文化庁長官に建議する。

3 重要美術品等の保存に関する法律の施行に関しては、当分の間、第103条の規定を準用する。

第117条 この法律施行前に行った史跡名勝天然記念物保存法第1条第1項の規

定による指定（解除された場合を除く。）は、第69条第1項の規定による指定、同法第1条第2項の規定による仮指定（解除された場合を除く。）は、第70条第1項の規定による仮指定とみなし、同法第3条の規定による許可は、第80条第1項の規定による許可とみなす。

2　この法律施行前に行った史跡名勝天然記念物保存法第4条第1項の規定による命令又は処分については、同法第4条及び史跡名勝天然記念物保存法施行令第4条の規定は、なおその効力を有する。この場合において同令第4条中「文部大臣」とあるのは、「文化財保護委員会」と読み替えるものとする。

3　この法律施行前にした行為の処罰については、史跡名勝天然記念物保存法は、なおその効力を有する。

（最初の委員の任命）

第118条　委員会の最初の委員の任命については、国会の閉会又は衆議院の解散の場合に限り、第9条第1項の規定にかかわらず、その後最初に召集された国会において両議院の事後の承認を得れば足りる。

2　文部科学大臣は、前項の規定による両議院の事後の承認が得られないときは、その委員を罷免しなければならない。

（第1回の委員会の招集）

第119条　この法律に基く第1回の委員会は、第14条の規定にかかわらず、文部科学大臣が招集する。

（最初の委員の任期）

第120条　この法律により初めて任命される委員会の委員で委員長及びその職務を代理する委員以外のものの任期は、第10条第1項の規定にかかわらず、1人については1年、2人については2年とする。

（従前の国立博物館）

第121条　法律（これに基く命令を含む。）に特別の定のある場合を除く外、従前の国立博物館及びその職員（美術研究所及びこれに所属する職員を除く。）は、この法律に基く国立博物館及びその職員となり、従前の国立博物館附置の美術研究所及びこれに所属する職員は、この法律に基く研究所及びその職員となり、同一性をもって存続するものとする。

2　この法律に基く東京国立文化財研究所は、従前の国立博物館附置の美術研究所の所掌した調査研究と同一のものについては、「美術研究所」の名称を用いることができる。

（国の無利子貸付け等）

第122条　国は、当分の間、重要文化財の所有者又は管理団体に対し、第35条第1項の規定により国がその経費について補助することができる重要文化財の

管理で日本電信電話株式会社の株式の売払収入の活用による社会資本の整備の促進に関する特別措置法（昭和62年法律第86号）第2条第1項第2号に該当するものに要する費用に充てる資金の一部を、予算の範囲内において、無利子で貸し付けることができる。
2 　前項の国の貸付金の償還期間は、5年（2年以内の据置期間を含む。）以内で政令で定める期間とする。
3 　前項に定めるもののほか、第1項の規定による貸付金の償還方法、償還期限の繰上げその他償還に関し必要な事項は、政令で定める。
4 　国は、第1項の規定により重要文化財の所有者又は管理団体に対し貸付けを行った場合には、当該貸付けの対象である重要文化財の管理について、当該貸付金に相当する金額の補助を行うものとし、当該補助については、当該貸付金の償還時において、当該貸付金の償還金に相当する金額を交付することにより行うものとする。
5 　重要文化財の所有者又は管理団体が、第1項の規定による貸付けを受けた無利子貸付金について、第2項及び第3項の規定に基づき定められる償還期限を繰り上げて償還を行った場合（政令で定める場合を除く。）における前項の規定の適用については、当該償還は、当該償還期限の到来時に行われたものとみなす。
6 　国が第1項の規定により無利子貸付金の貸付けを行う場合においては、第35条第2項中「交付する」とあるのは「貸し付ける」と、「補助の」とあるのは「貸付けの」と、「管理又は修理」とあるのは「管理」と、同条第3項中「交付する」とあるのは「貸し付ける」と、「管理又は修理」とあるのは「管理」として、これらの規定を適用する。

【著者略歴】
内川隆志（うちかわ　たかし）
昭和36年（1961）生まれ。
昭和60年3月　國學院大學文学部卒業後、同大文学部助手（博物館学研究室）を経て、同大國學院大學考古学資料館学芸員・同大兼任講師・東京農工大学工学部非常勤講師・上智大学文学部非常勤講師
主な共著
『柄鏡大鑑』1994　刀水書房
『博物館ハンドブック』1992　雄山閣
『新版博物館学講座5　博物館資料論』1999　雄山閣
『新版博物館学講座1　博物館概論』2000　雄山閣ほか

　　　　　　　　　はくぶつかん し りょうしゅうふく　　せいさく
　　　　　　　　　博物館資料の修復と製作

2004年11月10日　印刷
2004年11月20日　発行

　　　　　　　　　　　　　　著　者　内　川　隆　志
　　　　　　　　　　　　　　発行者　宮　田　哲　男
　　　　　　　　　　　　発行所　株式会社　雄　山　閣
　　　　　　　　　〒102-0071　東京都千代田区富士見2-6-9
　　　　　　　　　振替 00130-5-1685　電話 03(3262)3231
　　　　　　　　　　　　　　　　　　FAX 03(3262)6938
　　　　　　　　　　　　　　印刷　東洋経済印刷(株)
　　　　　　　　　　　　　　製本　協栄製本(株)

　　　　　　　　　©Takashi Uchikawa 2004 Printed in Japan
　　　　　　　　　ISBN4-639-01863-0 C1030